大格局

京津冀协同发展10周年记

首都高端智库报告

大格局
京津冀协同发展10周年记

叶堂林　李亚红　张彦淑　于欣平　刘佳 等 ◎ 著

首都经济贸易大学特大城市经济社会发展研究院
北京广播电视台财经频道中心

首都经济贸易大学出版社
Capital University of Economics and Business Press
·北 京·

图书在版编目（CIP）数据

大格局：京津冀协同发展10周年记 / 叶堂林等著. --
北京：首都经济贸易大学出版社, 2024.2
ISBN 978-7-5638-3662-8

Ⅰ.①大… Ⅱ.①叶… Ⅲ.①区域经济发展—协调发展—研究—华北地区 Ⅳ.①F127.2

中国国家版本馆CIP数据核字（2024）第020598号

大格局：京津冀协同发展10周年记
DAGEJU: JINGJINJI XIETONG FAZHAN 10 ZHOUNIAN JI
叶堂林　李亚红　张彦淑　于欣平　刘佳　等著

责任编辑　胡　兰　杨丹璇
封面设计　砚祥志远·激光照排　TEL：010-65976003
出版发行　首都经济贸易大学出版社
地　　址　北京市朝阳区红庙（邮编100026）
电　　话　（010）65976483　65065761　65071505（传真）
网　　址　http://www.sjmcb.com
E-mail　publish@cueb.edu.cn
经　　销　全国新华书店
照　　排　北京砚祥志远激光照排技术有限公司
印　　刷　北京建宏印刷有限公司
成品尺寸　210毫米×260毫米　1/16
字　　数　151千字
印　　张　10.5
版　　次　2024年2月第1版　2024年9月第2次印刷
书　　号　ISBN 978-7-5638-3662-8
定　　价　98.00元

本书是在中共北京市委北京市人民政府推进京津冀协同发展领导小组办公室指导下，由首都经济贸易大学特大城市经济社会发展研究院、北京广播电视台财经频道中心共同组织撰写。

北京市广播电视财经频道中心的京津冀大格局栏目于2018年1月1日开播，是全国唯一一档京津冀协同发展宣传报道的电视栏目，节目涵盖了京津冀协同发展的主要领域，围绕京津冀协同发展过程中的非首都功能疏解、"两翼"建设、交通、生态、产业、创新、民生福祉等热议话题进行了深入的跟踪报道，积累了大量影像、图片和文字素材，为本书撰写提供了丰富的素材。

首都经济贸易大学京津冀研究团队自2007年组建以来，对首都圈和京津冀协同发展进行了持续、系统、深入地研究，积极服务重大国家战略和北京市"四个中心"建设；自2011年起研创京津冀蓝皮书，共出版12部京津冀蓝皮书，8次获"全国优秀皮书奖"一等奖、2次获二等奖，已经成为京津冀协同发展研究领域的重要参考文献。京津冀研究团队长期积累的相关资料和素材为本书撰写奠定了坚实的基础。

在定稿之际，首先，要感谢京津冀协同发展联合工作办公室给予的悉心指导和大力支持，为本书能够更加全面地展示京津冀协同发展10周年取得的显著成效提供了宝贵的建议；其次，要感谢中共北京市委北京市人民政府推进京津冀协同发展领导小组办公室、中共天津市委天津市人民政府推进京津冀协同发展领导小组办公室相关领导为本书作序，并提供相应的数据资源和素材，确保了本书相关观点的准确性和权威性；另外，还得感谢北京市测绘设计研究院为本书提供地图，虽由于时间原因最后未能用上，略有遗憾，但北京市测绘设计研究院为此做了很大努力，也付出了很多心血；最后，要感谢首都经济贸易大学校领导对京津冀协同发展研究团队的长期支持和指导，感谢首都经济贸易大学出版社杨玲社长及各位同仁的辛勤付出，在很短的时间完成本书的高质量出版。

序一

2014年2月，以习近平同志为核心的党中央作出京津冀协同发展的重大战略决策，十年间习近平总书记多次主持召开推进京津冀协同发展座谈会，并发表一系列重要讲话，在每一个重要阶段和关键环节都亲自把脉定向。北京市始终以习近平总书记系列重要指示批示精神为根本遵循，充分发挥"一核"辐射带动作用，以更大的担当、更有力的举措推动京津冀协同向纵深发展。

十年来，我们牢牢牵住疏解非首都功能这个"牛鼻子"，首都发展开启新航程。坚持控增量和疏存量相结合，内部功能重组和向外疏解转移双向发力。严格执行新增产业禁限目录，不予受理业务2.5万件。打好疏解整治促提升"组合拳"，有序退出3 000余家一般制造业企业、疏解和提升近1 000个区域性专业市场和物流中心。核心区人口、建筑、商业、旅游"四个密度"稳步下降。北京成为全国第一个减量发展的超大城市，实现深刻转型，从北京发展转向首都发展，从单一城市发展转向京津冀协同发展，从聚集资源求增长转向疏解非首都功能谋发展，从城市管理转向超大城市治理。

十年来，我们全力支持雄安新区建设，现代化新城拔地而起。坚持雄安新区需要什么就主动支持什么，做到有求必应、积极配合、毫不含糊。主动支持和服务保障央属标志性疏解项目疏解落地，北京援建的"三校一院"交钥匙项目开学开诊，雄安新区中关村科技园挂牌运营，助力雄安新区提升承载能力，不断拔节生长。

十年来，我们举全市之力建设城市副中心，高质量发展迈出新步伐。保持千亿投资强度，强化"3+1"主导产业功能，城市框架渐次拉开。行政办公区二期建成，第二批市级机关完成搬迁，环球主题公园盛大开园，副中心"三大文化建筑"投入运营。通州区与北三县一体化高质量发展示范区理事会、执委会实体化运行，连续五年举办项目推介洽谈会，签约项目210余个，意向投资额超1 500亿元，一体化步伐不断加快。

十年来，我们强化高端引领和辐射带动作用，京津"双城记"谱写新篇章。不断拓展合作广度和深度，支持北京科教资源与天津天开高教创新园开展对接合作。持续推进合作园区建设，天津滨海–中关村科技园注册企业近5 000家，京津中关村科技城注册企业超1 500家。天津港出海通道作用更加强劲。

十年来，我们加强区域协同，现代化首都都市圈展现新气象。大兴机场临空经济区综合保税区正式开通运营，曹妃甸协同发展示范区实施亿元以上京津项目270个、总投资2 037亿元，京张携手呈现一届"简约、安全、精彩"的冬奥盛会，通武廊、房涿涞等毗邻地区融合发展。现代化首都都市圈初步形成，有力支撑世界级城市群建设，呈现生机勃勃的景象。

十年来，我们推动创新链产业链深度融合，协同创新和产业协作开创新局面。加快国际科技创新中心建设，增强对区域创新的引领带动作用，形成京津冀协同创新共同体，中关村企业在津冀两地设立分支机构超1万家，北京流向津冀技术合同成交额累计超2 800亿元。坚持把产业一体化作为协同发展的关键内容和实体支撑，联合津冀明确"五群六链"产业格局，绘制生物医药等6条重点产业链图谱，举办京津冀产业链供应链大会，签约项目152个，意向投资额超千亿元。三地经济总量达10.4万亿元，引领高质量发展的重要动力源作用不断提升。

十年来，我们深化硬联通和软联通，交通一体化实现新突破。"轨道上的京津冀"加速形成，京津雄核心区半小时通达、京津冀主要城市1~1.5小时交通圈基本形成。大兴国际机场"凤凰展翅"，北京形成航空"双枢纽"格局，机场群港口群运输衔接更加紧密，加快联动发展。

十年来，我们加强联防联控联治，生态环境建设取得新成效。2023年京津冀地区PM2.5平均浓度较2014年下降约57.3%。支持张家口和承德坝上地区植树造林100万亩，京津风沙源治理二期完成营造林200多万亩。京津水源上游重点流域生态补偿实现全覆盖。生态环境治理进一步提质，由"持续向好"向"蓝天常现"转变。

十年来，我们坚持共建共享，人民群众获得感、幸福感、安全感得到新提升。200余所京津中小学幼儿园与河北开展跨区域合作办学，成立15个跨区域特色职教集团（联盟），组建24个京津冀高校联盟。全面取消异地就医备案，9 300余家医疗机构实现跨省异地就医门诊费用直接结算。推进京津冀养老服务标准互通互认。加快京津冀社会保障卡居民服务"一卡通"建设。三地共同落实国家规划安排，协同做好灾后恢复重建工作，提升防灾减灾能力。

十年来，我们深化联合融合，三地协同机制形成新体系。三地党政代表团定期互访，建立三地党政主要领导协商机制，三地人大、政协强化协同立法、跨区域协商，设立京津冀协同发展联合工作办公室，组建15个专题工作组，三地由协同协作提升到联合融合，衔接更加紧密、联动更加高效、推进更加有力。

这些成绩的取得，最根本的在于有习近平总书记领航掌舵，也是三省市协同发力和社会各界共同努力的结果。我们将一以贯之、坚定不移、深入实施京津冀协同发展战略，始终沿着习近平总书记指引的方向风雨无阻向前进，坚持把推进中国式现代化作为最大的政治，把高质量发展作为新时代的硬道理，以强烈的责任感、使命感、紧迫感，与津冀共同谋划重大举措，接续奋斗、砥砺前行，推动协同发展不断迈上新台阶，全力打造中国式现代化建设的先行区、示范区。

北京市发展和改革委员会党组成员

北京市京津冀协同办副主任

京津冀联合办副主任

周浩

2024 年 1 月

序二

　　京津冀协同发展是习近平总书记亲自谋划、亲自部署、亲自推动的重大国家战略，在每一个重要节点，习近平总书记都举旗定向、掌舵领航，为我们指明了前进方向。十年来，天津市深入贯彻落实习近平总书记重要讲话精神，不断提高政治站位、战略定位，坚持从全局谋划一域、以一域服务全局，扎实推动京津冀协同发展在津沽大地生动实践；围绕贯彻党的二十大战略部署，组织实施"十项行动"，将京津冀协同发展走深走实行动作为第一行动，以更加奋发有为的精神状态推进各项工作，推动京津冀协同发展不断迈上新台阶。

　　一是牵牢"牛鼻子"，主动服务北京非首都功能疏解和"新两翼"建设。打好平台建设、政策支持、要素保障、全程服务等"组合拳"，一批高质量项目落地见效，天津滨海－中关村科技园、宝坻京津中关村科技城等重点合作平台形成示范效应。设立天津港雄安服务中心，打造雄安新区快速出关、便捷出海的"绿色通道"，累计操作集装箱超4万标准箱，天津职业大学、天津医科大学总医院等一批职业院校、医疗机构持续为雄安新区提供优质技能培训和技术帮扶。北京通州、天津武清、河北廊坊"小京津冀"改革试验向纵深推进。

　　二是唱好"双城记"，拓展深化京津同城效应。2023年12月18日，津兴城际铁路通车运营，形成京津间第4条高铁通道。天津天开高教科创园积极融入京津冀科技创新体系，自2023年5月开园以来累计注册企业1100余家。京津产业交流合作对接洽谈常态化举办、机制化运行，2023年累计签约和落地重大项目44个，意向投资额超270亿元，"北京研发—天津制造"的创新转化格局加快形成。港产合作深入推进，开通天津港至北京平谷、大红门的海铁联运班列，天津港集团设立北京CBD港口服务中心，有力服务北京外向型经济发展。做好LNG、煤电、航油等保供，服务保障首都能源安全，北京燃气天津南港LNG应急储备项目一期投入运营。

三是增强"动力源"，全面强化协同创新和产业协作。共建协同创新体系，京津冀国家技术创新中心与南开大学等共同打造7个技术创新平台，积极推动优质科技成果在津落地转化。共绘产业链图谱，三地联合发布新能源与智能网联汽车、高端工业母机等6条重点产业链图谱，为推进区域产业链延链、补链、强链，提供"指南针"和"导航图"。共促产业成龙配套，天津120余家汽车零部件企业为北京整车厂配套，三省市联合打造的京津冀生命健康集群获批国家级先进制造业集群。首届京津冀产业链供应链大会、京津冀基金与企业融资对接会、专精特新天津行暨首届领航者峰会等一系列产业对接活动成功举办。

四是提升"获得感"，持续深化重点领域协同发展。"轨道上的京津冀"主骨架基本形成，初步实现京津雄0.5小时通达、京津冀主要城市1~1.5小时通达。加快建设世界级港口群、机场群，天津港集装箱航线达到145条，2023年集装箱吞吐量突破2200万标准箱，津冀港口集团签署世界一流港口联盟合作协议。加强生态环境联防联建联治，强化大气污染协同治理，连续实施三期引滦入津上下游横向生态保护补偿协议，12条入海河流稳定消劣。公共服务领域合作持续增强，京津冀区域异地就医实现"免备案"，三地签署社会保障卡居民服务"一卡通"合作框架协议，共同搭建"乐游京津冀"一码通平台，天津国际邮轮母港在北方地区率先复航，激发京津冀旅游消费新活力。

五是共谋"一盘棋"，协同推进机制更加紧密高效。每年天津党政代表团赴北京、河北学习考察，深化务实合作，签署实施一系列省市级战略合作协议。会同北京、河北建立京津冀党政主要领导座谈会机制，在党政主要领导、副省（市）长、京津冀联合办、专题工作组四个层面，形成贯通决策、协调、执行的协同工作机制体系。三地人大常委会围绕协同推进大运河文化保护传承利用、京津冀协同创新共同体建设等事项开展协同立法，京津冀政协主席联席会议、京津冀人才一体化发展部际协调小组会议等合作机制不断强化，全面协同、深度融入的工作合力加快汇聚。

十年来取得的成绩，根本在于习近平总书记重要讲话精神的指引，充分证明了党中央决策部署的英明正确，必将激励天津党员干部群众进一步坚定信心决心，沿着习近平总书记指引的方向前进。

征程万里风正劲，重任千钧再出发。在新时代新征程上，我们将认真贯彻落实习近平总书记重要讲话精神，进一步提高政治站位、把握战略定位、认清自身方位，携手北京市、河北省，凝心聚力推动京津冀协同发展走深走实，齐心协力打造中国式现代化建设的先行区、示范区。

天津市发展和改革委员会副局级领导

京津冀联合办副主任

白向东

2024 年 1 月

序三

北京广播电视台 2018 年开启了京津冀大格局栏目，6 年来栏目举办了各种活动，以多元多样的方式介绍京津冀协同发展的理念、精神、工作推进和实践成效，很好地起到了媒体的应有的宣传、推广、交流作用，也很好地应用了电视媒体独有的生动手段，提高了受众的接受度。6 年来，本人有幸多次参加栏目举办的活动，受益颇多。值此北京广播电视台与首经贸大学联合编撰《大格局：京津冀协同发展 10 周年记》一书，全面、系统、细致地回顾了波澜壮阔的十年历程，对于京津冀协同战略的持续推进功莫大焉，可喜可贺。

京津冀协同发展战略是党的十八大以后以习近平同志为核心的党中央提出的第一个区域发展战略。2014 年 6 月，中共中央办公厅发文成立了京津冀协同发展专家咨询委员会（简称"专咨委"），本人有幸作为城市规划领域的专家参与专咨委的工作。从 2014 年 6 月至 2018 年底，专咨委召开的工作会议多达 120 次。在专咨委工作中，本人有机会观察、体会了京津冀协同发展战略的决策与推进过程，思考研究我国在现代化、城镇化过程中区域与城市发展的问题与对策，理解认识京津冀协同发展战略的探索与示范价值。

京津冀协同发展战略的出发点是要通过疏解北京非首都功能，治理北京"大城市病"，调整区域经济结构和空间结构，探索出一种人口经济密集地区优化开发的模式，促进区域协调发展，形成新增长极。因此，这一战略是为全国经济人口密集地区协调发展和超大特大城市健康发展探索新的发展模式。

京津冀协同发展战略坚持问题导向，摆脱了多年来区域与城市发展过度重视目标愿景，忽视和解决发展中问题的价值取向。规划纲要开篇就指出区域发展的五大问题：北京人口增长过快，"大城市病"问题凸显；资源环境承载超限，自然生态系统退化；资源配置行政色彩浓厚，市场机制作用发挥不充分；战略定位缺乏统筹，功能布局不够合理；区域发展差距悬殊，公共服务水平落差大。

京津冀协同发展战略充分体现了新的发展理念和多元平衡的发展目标。规划纲要提出京津冀区域的战略定位是"以首都为核心的世界级城市群"，区域整体协同发展改革引领区，全国创新推动经济增长新引擎，生态修复环境改善示范区。区域战略定位既有高远目标，又突出改革、创新与生态文明等多元目标。

京津冀协同发展战略着力推进北京非首都功能疏解和区域空间结构优化，通过北京一般性工业、批发业等寄生功能的疏解，减缓了城市供给压力，实现了北京城市人口和建设用地减量发展，实现了城六区人口减少200万的人口调整目标。通过设立北京城市副中心和雄安新区，实现了北京市行政功能的空间转移，为高校、央企、事业单位向河北集中疏解创造了条件，同时优化和调整了区域空间结构。

京津冀协同发展战略针对突出问题，首先推进环境治理、去落后产能、交通互联互通三个领域的重点突破和公共服务的区域共建共享。短短三年时间，蓝天白云重回京津冀大地，产业结构和交通网络得到优化。通过社会福利与保障制度创新，三地联合办医、联合办学，实现了河北省城市居民共享京津两市的优质公共服务。

京津冀协同发展战略对全国人口经济密集地区的区域协同发展和超大特大城市健康发展起到了很好的创新探索和先行示范作用。继京津冀之后，党中央国务院又持续推进了粤港澳大湾区发展、长三角一体化发展和成渝双城经济区发展等重大区域发展战略；持续出台了优化超大特大城市发展与治理方式的系列政策，包括治理大城市病，疏解中心城区非核心功能，调控中心城市人口规模，优化土地利用方式和人居环境，控制城市建筑高度，注重城市的文化遗产和自然遗产保护，防止大拆大建的城市有机更新和城中村改造等等。这些超大特大城市的新发展模式和政策都是在京津冀协同发展战略推进过程中进行的探索尝试，都是发端于由党中央国务院批准的北京城市总体规划、北京城市副中心、雄安新区和北京首都功能核心区的规划与实践。

京津冀协同发展战略抓住了我国当前超大特大城市发展与国家区域发展问题的"牛鼻子"：疏解北京非首都功能，治理北京"大城市病"。"大城市病"是城镇化与城市发展中的一种通病，发达国家大城市在不同发展阶段也经历过不同程度的"大城市病"。而大城市又是国家和区域发展的增长极核与发展引擎，没有大城市的高质量健康发展，就没有国家和区域的健康发展。在专咨委的工作中，本人分析了"大城市病"的成因在于"两个过度集聚"和"两个不适应"。大城市具有吸引人口和经济要素的天然优势，具有规模效应和聚集效应，由此产生了更高的经济效率和更多的发展机会。但在城镇化、工业化发展的"上半场"，在中国独有的层级化行政体制和竞争性政府运行机制下，大城市的资本流动性和社会流动性过度集聚，"一城独大"。这一方面导致了大城市人口和经济增长过快，城市不堪重负；另一方面，区域内中小城市和基层单元失去了发展机会。而大城市政府的治理能力和公共品供给能力、社会的居民和企业的素质与文明程度与"两个过度集聚"不相适应，由此产生了越来越严重的"大城市病"。治理"大城市病"和解决区域发展不协调问题是中国城市和区域实现高质量健康必由之路，需要应用法律、行政、规划、财政、政策与多重工具和手段去解决的综合性、系统性难题。京津冀协同发展战略开启了中国式现代化过程中城市与区域高质量健康发展的重要探索和重大实践，十年的持续推进已取得令人瞩目的显著成效，但国家和区域、城市的发展不断面对新的形势，需要持续的理念和愿景的调整；解决好京津冀区域的诸多问题也非一日之功。十年的推进与成就只是完成了第一阶段或近中期的目标，协同发展的路还很长，因此一定要按照习近平总书记"久久为功"、"抓铁有痕"的要求，做好京津冀协同发展下一个十年的工作，实现建设世界级城市群的目标。

本人认为，今后几年京津冀协同发展应该更加重视以下几方面的推进和实践。一是如何与国家应对气候变化的总体战略相协调，更加关注"双碳"战略下的气候减缓与绿色低碳发展，实现减污、降碳与生态修复，城乡经济社会发展的绿色转型；更加关注气候适应与安全韧性，提升城乡应对气候变化导致的极端气象灾害，提升灾害的预警、抵御、恢复和变革能力，尤其在经历了2023年京津冀洪水灾害之后。二是如何真正唱好京津"双城记"，充分发挥天津在区域产业经济、门户枢纽经济中的优势，城市公共服务和生活服务、人居环境优势，释放天津对区域均衡发展，加快发展的动力源作用。三是如何进一步推进京津两地与河北的经济与产业合作，使河北省已经形成的制造业"隐形冠军"基础、"一县一品"特色、城乡一体的生产–就业–居住模式，通过京津的生产性服务业带动，提升河北省制造业的影响力和竞争力。四是进一步探索北京首都功能核心区和城六区经过功能疏解，旧房旧区有机更新后经济产业功能发展，尤其是适应年青人、"元世代"人群需求的国际交流、人群交往、文化体验、创意设计等新经济、新业态发展，提升首都的人群吸引力、文化魅力、社会活力和经济新动能。

京津冀协同发展的战略意义重大而深远，协同发展需要持续努力，不断进步。我们已经有了十年的进步与变化，一定会有未来十年、二十年更多更好的进步与变化！

全国工程勘察设计大师

京津冀协同发展专家咨询委员会专家

中国环境与发展国际合作委员会特邀顾问

李晓江

2024年2月26日

前 言

京津冀协同发展战略，是习近平总书记亲自谋划、亲自部署、亲自推动的重大国家战略，也是区域发展总体战略的重要一环。作为新时代谋篇落子的第一个区域协调发展重大国家战略，京津冀协同发展从通盘谋划、辩证考量，到创新破题、精准发力，在以中国式现代化推进中华民族伟大复兴的进程中写下了波澜壮阔的恢宏新篇章。2024年正值京津冀协同发展战略提出10周年，在这一重大时间节点，系统性梳理总结京津冀协同发展的阶段性成效，对展现协同发展战略在祖国大地上的生动实践、助力三地谋划未来重大举措全力推动京津冀协同发展向纵深迈进具有重要意义。

京津冀如同一朵花上的花瓣，瓣瓣不同，却瓣瓣同心。10年来，习近平总书记多次主持召开推进京津冀协同发展座谈会，并发表一系列重要讲话，在每一个重要阶段和关键环节都亲自把脉定向，为推进京津冀协同发展指明了方向。从"谋思路、打基础、寻突破"，到"滚石上山、爬坡过坎、攻坚克难"，再到打造"中国式现代化建设的先行区、示范区"，京津冀协同发展步伐铿锵有力，不断迈上新台阶。10年来，京津冀三地同心协力，牢牢牵住疏解北京非首都功能这个"牛鼻子"，坚持"一盘棋"推动产业对接协作、"一体化"打通交通动脉、"一条心"保护生态环境、"一股绳"深化协同创新、"一张网"服务民生保障，书写了一篇又一篇绚丽篇章，绘就出一幅又一幅壮美画卷。本书聚焦京津冀协同发展的重点领域和关键环节，不仅深入剖析了北京非首都功能疏解的进展与成效，对产业协同发展、交通一体化发展、生态协同发展这三大需要率先突破的领域以及协同创新发展、公共服务共建共享这两个重点领域的进展与成效也进行了系统梳理与总结，研究发现如下。

第一，从非首都功能疏解来看，10年来，京津冀三地坚持在疏解中发展，推动两翼齐飞。在"老城重组"方面，首都功能核心区积极采取措施有序推动市级党政机关和市属行政事业单位向北京城市副中心疏解，为中央和国家机关优化布局提供条件，并持续推动被占用文物的腾退，加快重点片区疏解和环境整治，不断优化调整用地功能，营造安全、整洁、有序的政务环境；通过"疏存量＋控增量"坚定不移疏解非首都功能，严控人口、建设规模，降低人口、建筑、商业和旅游"四个密度"，让核心区逐步"静"下来；通过"在疏解上持续发力、在整治上保持定力、在提升上集中发力"有序推进街区保护更新工作，推动核心区走出了一条"都"与"城"相融共生的崭新路径。在"精细用功"方面，深化推进"疏解整治促提升"专项行动。坚决疏解一般性制造业、区域性批发市场和物流中心，推进不符合首都功能定位的一般制造业企业动态调整退出；坚持"一楼一策"，分阶段（试点疏解、全面提速、整体迁出三个阶段）推动"动批"①市场有序转移；严格执行《北京市新增产业的禁止和限制目录》；促进疏解腾退空间实现功能跃升，如将动物园批发市场成功转型升级为国家级金融科技示范区、将一般制造业腾退空间和土地发展高精尖产业项目，加强便民服务网点建设，推进传统商圈转型升级，推动城市服务功能全面提升，城市面貌焕然一新，市民获得感显著增强。在繁荣新城方面，雄安新区和北京城市副中心"两翼"建设持续发力，不断为京津冀协同发展开拓新空间。雄安新

---

① 即北京动物园批发市场。

区当前已进入大规模建设与承接北京非首都功能疏解并重阶段，通过完善配套措施、创新用地模式、加大外贸支持力度，不断优化承接疏解的服务功能，为企业和项目搭建广阔舞台，并积极构建现代化教育、医疗公共服务体系，持续加强京津冀教育与医疗合作，探索出现代化城市治理和功能提升新路径。城市副中心三大功能区日新日进：第二批市级机关完成搬迁，城市副中心与主城区"以副辅主、主副共兴"的发展格局正逐渐形成；运河商务区已引入总部企业、高新企业、专精特新企业100余家，注册企业近两万家，产业集聚与发展正逐渐步入快车道；三大文化建筑已建成投用，城市配套功能日益完善。

第二，交通一体化持续向纵深拓展，京津冀协同发展的"骨骼系统"不断完善。在三地各自的交通建设方面，北京地铁网络进一步织补、加密、优化，"一干多支"市郊铁路主骨架加快构建，轨道交通"四网融合"加快推动，城市轨道交通线网日益优化，运输效率不断提升；天津地铁建设加速推进，轨道线路不断由线结网，市郊铁路发展也实现重大突破，城市轨道交通覆盖面不断扩大；河北加快补齐基础设施短板，全力推动城市轨道交通建设，实现地铁从无到有，积极谋划市郊铁路网络建设，加快构建立体化、现代化城市交通系统，助力"轨道上的京津冀"跑出"加速度"。在打造互联互通交通网方面，"轨道上的京津冀"初步建成，区域交通"经脉"日益疏通，公路交通网络日趋完善通畅，京津冀核心区1小时交通圈及相邻城市间1.5小时交通圈已基本形成。"轨道上的京津冀"加速形成：区域国家干线铁路建设不断完善，以北京、天津为核心枢纽，贯通河北各地市的全国性高速铁路网已基本建成；城际铁路建设持续推进，京津冀区域间联系日益紧密，京雄津保"1小时交通圈"已经形成；轨道交通平谷线加速建设，环京区"通勤圈"深度融合。区域公路网不断织补加密，运输服务水平"更上层楼"：高速公路路网结构不断优化，实现京津冀区域间全面消除国家高速公路网"断头路"，以北京为核心的京津冀"单中心、放射状"路网结构得到有效改善；跨界公路网不断织补加密，推动首都地区环线全线绕出北京；"一小时环京通勤圈"逐步释放同城化效应，区域公交、地铁实现"一卡通"互联互通，"一卡走遍京津冀"乃至全国的出行模式初步形成，多种交通运输方式间的换乘效率持续提升。在推进"海陆空"综合交通枢纽建设方面，天津港初步建成国际一流枢纽港口，陆海深度融合平台作用持续发挥，海陆双向辐射能力明显增强；津冀港口分工协作持续深化，功能互补的津冀环渤海港口群基本建成，合作不断走深走实，世界级港口群加快建设；北京形成"龙凤呈祥"航空双枢纽格局，京津冀"双核两翼多节点"机场群布局完成，空铁交通逐渐实现贯通连接；北京城市副中心和雄安新区综合交通枢纽初具雏形，共同构筑起京津冀交通发展"新骨架"。

第三，生态协同发展谱写绿色发展新篇章，京津冀协同发展的生态本底不断夯实。从三地各自生态环境保护成效来看，北京空气质量持续向好，已连续两年达到国家空气质量二级标准，城市绿地空间逐渐扩大，园林绿化释氧作用日益彰显，森林环绕的生态城市轮廓初步显现；天津实现大气主要污染物排放量大幅下降，空气质量稳步提升，绿色空间逐步拓展，"津城"与"滨城"之间的绿色生态屏障已蔚然成型；河北11个设区市历史上第一次全面退出全国重点城市空气质量后十名，生态环境得到明显改善，护卫京津的生态防护体系框架初步形成，绿色屏障不断巩固，区域生态系统稳定性逐渐加强。从三地合力治污来看，京津冀大气联防联控持续加强，空气质量实现"逆风翻盘"，PM2.5年平均浓度值在2021年首次步入"30+"阶段，2023年京津冀地区PM2.5平均浓度较2013年下降超过60%，区域内已无城市上榜"中国空气最差十城"；水污染联防联治不断强化，三地黑臭水体基本消除，劣V类水质全面消除，跨界河流入境水质不断提升，12条河流入海断面水质全部消劣，水环境质量持续改善。从生态格局来看，三地生态涵养区建设进程加快，生态保护和绿色发展效率逐步提升；森林、草原、湿地等生态资源得到有效保护，区域风沙危害得到有效遏制，区域生态修复效率日益提升。从体制机制创新来看，跨区域联防联控不断加强，生态保护补偿机制持续优化。京津冀联防联控顶层设计日趋完善，通过成立领导小组、签署协议等方式深入推进生态环境联防联控走深走实，大气污染联防联控机制不断深化，水污染联防联控机制逐步完善；法制政策与标准协同持续深化，出台首部针对大气污染防治协同的立法文件，高效进行移动源大气污染防治，成功搭建执法联动工作机制，并在省（市）级联动基础上，将层级进一步下沉至县区市，联合发布首个统一强制性环保标准，并对空气重污染应急预警分级标准进行了统一；生态保护补偿长效机制加快构建，津冀就引滦入津工程建立上下游横向生态补偿机制，京冀就密云水库、官厅水库等流域治理项目签署横向生态补偿协议，实现了京津水源上游潮河、白河、滦河、永定河流域生态补偿全覆盖，并采用日益多元化的生态补偿方式，全面展开生态环境修复工作，推动生态系统稳定性不断增强，受益者付费、保护者获偿的良性互动局面基本形成。

第四，产业协同发展成效显著，实现"产业谋变塑新标，协同骨架重构造"。从产业协同"新方式"来看，京津冀三地通过发挥各自比较优势，有效实现了区域产业精准化转移与产业集聚化承接，同时促进产业结构不断优化。通过产业链互补推动区域特色产业协同进一步深化：北京依托创新研发优势，打造新兴产业战略高地，并为津冀两地制造业发展提供技术支持和服务保障；天津凭借地理区位、产业体系和国家政策扶持等优势，建设全国先进制造研发基地，为京冀提供物流和产业配套服务；河北依靠充足的生产资源和良好的产业发展基础，承担了京津高技术产业和先进制造业的研发转化及加工配套任务，是京津高技术产业和先进制造业研发转化及加工配套基地。产业的有序疏解承接转移进一步激发产业发展活力、优化产业结构：第一产业比重逐渐减少，农业现代化进程逐步加快；第二产业比重略有下降，产业结构优化趋势明显；第三产业比重逐渐增加，经济活力和韧劲不断加强。从产业协同"新载体"来看，三地依托产业合作平台共建，不断拓展区域产业协作模式。通过以合作园区为载体的"共建""共管"模式、以制造业企业为主导的"总部+基地"模式、以大数据产业为牵引的功能互补协同模式等六大模式,推动滨海–中关村科技园、武清京津产业新城、北京·沧州渤海新区生物医药产业园、曹妃甸协同发展示范区等一系列产业合作平台建设,有效实现了产业转型升级,在破除体制机制障碍的同时逐渐探索形成了托管或异地监管模式、"飞地经济"模式、产学研合作模式以及全产业链合作等多种区域产业协作模式,并通过设立技术创新中心、产业联盟、实验室等组织机构,发挥其产业集聚技术创新能力,达到了为区域产业合作赋能的目的,促进了京津冀产业协同由单个企业、单一项目对接转向产业链供应链区域联动。从产业协同"新图景"来看,"五群"发展新引擎日益彰显,企业主体活力持续增强;产业链"延补强优"加速推进,北京产业发展逐步从"大而全"转向"高精尖",天津产业链优化切实以"引得来"巩固"发展好",河北则不断用"接得住"实现"升级跳";"五廊"空间布局不断优化,产业廊道发展实现新突破,京津冀正在以产业链"织网工程"为载体,通过"延链""补链""强链""优链"等方式完善产业链与供应链,通过强化创新链与产业链深入融合,增强京津冀产业发展主体活力、优化产业发展空间布局。

第五,协同创新共同体建设稳步推进,京津冀协同发展的"动力引擎"作用持续发挥。在创新基础建设方面,三地创新主体初露峥嵘,创新活力竞相迸发,企业的创新主体地位全面强化,优质企业群体发展壮大,创新力量逐渐凝聚,高等院校逐步成为科学探索的骨干,三地在原始创新和知识积累方面的竞争力日益增强,创新人员数量持续增加,研发人员结构持续优化,推动协同创新发展的中坚力量初步形成;基础研究不断强化,初步形成基础研究领域合作圈,地区创新策源力不断提升;创新制度体系建设持续深化,区域创新联动机制和利益分享机制日臻完善,协同创新发展机制逐步优化,建立起"(1+1+N)×2"工作机制,打造出技术研发、产业培育、人才培养"三位一体"的协同创新体系,良好的创新"软环境"初步形成。在创新合作赋能方面,三地逐步打破"一亩三分地""各扫门前雪"的思维定式,实现创新优势互补增效，创新合力持续增强。北京充分发挥高端人才集聚、科技基础雄厚的创新优势，辐射带动区域整体创新水平不断提升；天津作为产业技术创新中心和现代化制造中心，具有先进制造研发优势，致力于打造技术研发及战略性新兴产业创新成果转化基地、创新型中小企业集聚创新创业示范区；河北作为京津科技创新资源外溢和产业转移承接地，具有成果转化优势，致力于打造创新成果转化承载高地，形成协同创新重要节点。"京津研发、河北转化"的创新协作模式迈出新步伐。在创新能力提升方面，三地创新投入稳步增长，研发投入强度稳步提高，基础研究投入占比大幅提升，创新发展势能日益强劲，持续为原始创新能力提升注入"强心剂"；科技创新活跃度逐年提高，推动协同创新发展的支撑引领作用不断增强，战略性科技创新力量日益强化，在创新领域实现从"跟跑"到"并跑"再到"领跑"的跃升；科技成果转化活力不断彰显，科技创新成果异地转化步伐不断加快，协同创新共同体建设稳步推进。

第六，公共服务共建共享硕果累累，人民获得感、幸福感、安全感持续提升。在底线民生方面，京津冀戮力同心，持续推动产业发展提质增效，不断完善劳务协作机制，积极开展扶贫攻坚，实现环京津贫困带整体脱贫；河北依托丰富的农业资源和鲜明的品牌特色，着力建设环京周边蔬菜生产基地，加强与北京的战略合作，实现河北产蔬菜占北京新发地农产品批发市场比重连续多年稳居第一，持续提高北京"菜篮子"产品稳价保供能力。在基本民生方面，三地公共服务的均衡性和可及性不断增强，北京医疗卫生资源、教育资源结构布局日趋合理，社区养老服务网络持续织密；天津优质医疗资源布局不断调整优化，公共教育更加"优质均衡"，城乡义务教育一体化步伐逐步加快，优质教育资源覆盖面不断扩大，形成了公办和民办养老机构优势互补、有序发展的格局；河北持续深化医疗保障制度改革，医保报销范围稳步扩大，各级教育发展质量与成效不断提升。促进优质公共资源共建共享，京津通过联合办医（学）等多种形式，大力推进优质医疗、教育资源与河北合作，提升了河北的医疗、教育水平；将人才作为区域合作的源头活水，在引进北京人才的基础上，通过定期专业培训与交流，为河北培养起一支"带不走的专家团队"，提升了河北地区人才的"支撑力"，并辐射带动京津冀三地人才的成长和集聚，实现了引人引智。三地已全面取消异地就医备案，实现异地就医"一卡通行"，并逐步推进医疗检验检查结果互认共享，有力提升了三地医疗服务同质化水平和医疗资源利用率，有效减少了患者负担。养老服务协同发展区域已拓展至京津冀全域，环首都健康养老圈已经形成。京津冀推动社保卡居民服务一卡通，北京高质量推进全国文化中心建设，天津加快建立公共文化强市，河北深入实施公共文化服务达标提质行动，现代公共文化服务新场景加快构建；推出"地域一体·文化一脉——京津冀历史文化展"，进一步盘活了京津冀地区的历史文物资源，加强了京津冀的关联度和文化认同感，为京津冀提升文化发展水平提供了有力支撑。

本书系国家社科基金重大项目"数字经济对区域协调发展的影响与对策研究"（23&ZD078）、国家自然科学基金面上项目"多层动态网络视角下城市群创新生态系统演化机理及绩效评价研究"（72373105）、教育部人文社会科学研究专项任务项目"推动京津冀高质量发展研究"（23JD710022）的阶段性成果，也是首都经济贸易大学特大城市经济社会发展研究院（首都高端智库）、特大城市经济社会发展研究省部共建协同创新中心的资助成果。

本书是首都经济贸易大学特大城市经济社会发展研究院、中共北京市委北京市人民政府推进京津冀协同发展领导小组办公室、北京广播电视台财经频道中心通力合作的智慧成果，北京广播电视台京津冀大格局栏目组李亚红制片倾注了大量心血，给予悉心指导。本书由叶堂林、李亚红、江成、王雪莹等10余名专家学者共同研创。其中，第一章"瓣瓣同心：历史沿革与时代内涵"由刘佳、王雪莹完成，第二章"牛鼻子：一核疏解与两翼齐飞"由王传恕、李亚红完成，第三章"骨骼系统：交通一体化持续向纵深拓展"由张彦淑、江成、李亚红完成，第四章"绿水青山：生态协同谱写绿色发展新篇章"由于欣平、刘华桢、白云凤完成，第五章"发展脊梁：产业谋变重塑协同骨架"由白云凤、李亚红完成，第六章"动力引擎：协同创新共同体建设稳步推进"由刘华桢、刘哲伟完成，第七章"国之大者 皆在为民：公共服务协同发展硕果累累"由严亚雯、李亚红完成。其余部分由所有作者共同完成。

目　录

第一章　瓣瓣同心：历史沿革与时代内涵

京津冀协同发展，是以习近平同志为核心的党中央在新的时代条件下作出的重大决策部署，是促进区域协调发展、形成新增长极的重大国家战略。京津冀地区从"瓣瓣不同"到"瓣瓣同心"，经历了从理论探索阶段到深化研究阶段到战略研究阶段再到重大国家战略阶段的演进历程。在习近平总书记亲自谋划、亲自部署、亲自推动下，自2014年起，京津冀协同发展从"谋思路、打基础、寻突破"，到"滚石上山、爬坡过坎、攻坚克难"，再到努力成为"中国式现代化先行区、示范区"，不断书写新时代高质量发展的新篇章。

一、京津冀协同发展的战略意义

（一）放眼国际：培育世界级城市群是增强国家竞争力的重要途径

当前，全球正处于百年未有之大变局，世界经济复苏乏力、外部需求走弱，逆全球化趋势加剧，叠加中美贸易摩擦等不利因素，国际环境的不确定性陡增，国家间的竞争与日俱增。新形势下，国际竞争格局也发生了深刻的变革，城市群正逐渐取代单一的国家或经济体成为参与国际竞争的重要地理空间单元。面对复杂多变的国际环境，中国经济要想实现持续稳定的高质量发展，需要形成几个能够带动全国高质量发展的新动力源——城市群。城市群作为城市发展到成熟阶段所形成的一种空间组织形式，是资源要素的主要集聚地。依托集聚经济和规模效益，城市群能够更加有效地整合调动不同城市的资源要素，从而为城市间的协同提供基础条件。培育世界级城市群是增强国家竞争力的重要途径，是应对国际竞争日趋激烈等现实挑战的有力举措。作为正在转型和崛起中的大国，中国需要努力将京津冀打造为世界级城市群，助力中国在世界竞争新形势下抢占高位，为中国参与全球竞争提供新的突破口和切入点。

（二）审视国内：区域协同发展是解决发展不平衡不充分问题的重要途径

区域协调发展是实现中国式现代化的重要支撑。20世纪90年代后，随着经济体制的转变和改革开放的深入推进，南方地区由于开放程度较高并且享受各种政策的倾斜，迅速逆转中国经济格局，后来居上，其发展势头之强劲使得南北间的区域差异迅速拉大。在此背景下，协调"南北差距"日益成为我国区域协调发展的战略重点。党的十八届五中全会提出，推动区域协调发展，塑造要素有序自由流动、主体功能约束有效、基本公共服务均等、资源环境可承载的区域协调发展新格局。党的十九大报告根据我国社会主要矛盾的变化，立足于解决发展不平衡不充分问题，再次强调要继续实施区域协调发展战略。党的二十大报告又一次明确指出，要"深入实施区域协调发展战略、区域重大战略、主体功能区战略、新型城镇化战略，优化重大生产力布局，构建优势互补、高质量发展的区域经济布局和国土空间体系"。京津冀协同发展是国家由东西平衡转向南北平衡的重大部署，是优化国家发展区域布局、打造新的经济增长极的必然选择。

（三）聚焦京津冀：区域协同发展是解决首都"大城市病"、破解京津冀深层次问题的重要举措

实现京津冀协同发展是区域发展总体战略的重要一环，京津冀发展不协调、不平衡的矛盾突出。京津冀地区地理位置优越，位于京畿要地，战略地位重要，是我

国经济最具活力、开放水平最高、创新能力最强的地区之一，也是拉动我国经济高质量发展的重要引擎。然而，京津冀地区在发展过程中面临诸多困难和问题，尤其是北京人口过度膨胀，功能过度集中，使得城市不堪重负，"大城市病"严重。与此同时，京津冀地区面临生态环境恶化的巨大挑战，大气污染事件频发，空气质量呈现加速恶化态势，成为我国东部地区生态联防联治要求最为迫切的区域之一。此外，由于区域功能布局不够合理，城镇体系结构失衡，京津两级过于"肥胖"，而周边中心城市相对"瘦弱"，导致区域发展差距较大。为解决上述问题，迫切需要国家层面加强统筹规划，有序疏解北京的非首都功能，推动京津冀地区实现协同发展。2014年2月，习近平总书记在北京考察工作时提出"京津冀协同发展意义重大"，是一个重大的国家战略，标志着京津冀协同发展上升为国家战略层面。京津冀协同发展作

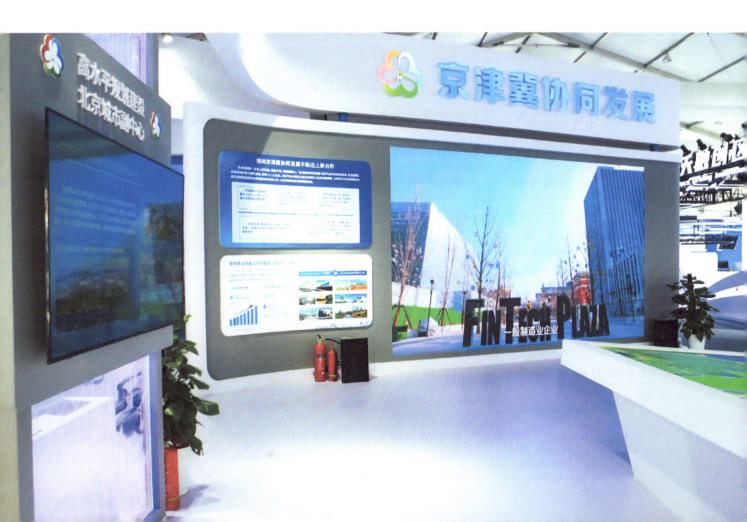

为新时代谋篇落子的第一个区域协调发展重大国家战略，在以中国式现代化推进中华民族伟大复兴的进程中写下了波澜壮阔的恢宏新篇章。推动京津冀协同发展，是党中央、国务院在新的历史条件下作出的重大决策部署，也是应对我国经济发展进入新常态、提升资源环境承载力、缩小区域发展差距的必然要求，这一举措对于加快转变经济发展方式、培育增长新动力以及优化区域发展格局具有重要而紧迫的现实意义。

二、京津冀协同发展的历史沿革

京津冀地区地缘相接、人缘相亲，地域一体、文化一脉，历史渊源深厚，交往半径相宜。京津冀从"瓣瓣不同"到"瓣瓣同心"的演进历程，可以划分为以下几个阶段。

（一）理论探索阶段（1978—1992年）

自1978年改革开放以后，中国的现代化建设取得了迅猛发展，打破行政分割、推动区域合作成为区域发展的内在要求。20世纪80年代由于受到经济全球化与区域一体化的影响，国家开始有组织地开展国土规划，它以全国或一定区域在一定时期内开发和利用资源、整治和保护环境以及人口、资源、环境在全国一定区域、空间的相互协调为主要内容。在此背景下，一些地区开始了区域协调发展的探索与实践。基于各地区原有的经济联系，中国开始出现松散的区域经济协作组织，1981年10月，京、津、冀、晋、内蒙古五省（自治区、直辖市）经过协商，成立了中国第一个区域经济联合组织——华北地区经济技术协作区。1982年，《北京市城市建设总体规划方案》第一次正式提出了"首都圈"的概念。1986年，环渤海地区的15个城市共同倡议并成立了环渤海地区市长联席会。同年，河北省委、省政府在廊坊召开了环京津经济协作座谈会，并提出"依托京津、服务京津、共同发展"的思想。区域经济协作组织的形成、"首都圈"概念的出现在合作设想上拉开了京津冀协同发展的序幕。

（二）深化研究阶段（1993—2005年）

1993年，河北省委提出环京津、环渤海的两环开放带动战略。2001年，《河北省国民经济和社会发展第十个五年计划纲要》进一步指出，要充分利用环京津的区位优势，广泛开展与北京、天津的合作，促进京津冀经济一体化发展。2004年2月，国家发改委召集京津冀三省市发改部门在廊坊召开京津冀区域经济发展战略研讨会，并达成"廊坊共识"。2005年，国家发改委做出关于首钢搬迁至河北唐山曹妃甸的批复，明确提出要对首钢实施搬迁，并与河北省钢铁工业进行重组，首钢搬迁是京冀跨区域合作的一次重要实践。任何一项重大战略及其规划的出台都有一定的政策研究基础。2004年11月，国家发改委正式启动《京津冀都市圈区域规划》的编制工作。2005年6月，国家发改委在唐山召开"京津冀区域规划工作座谈会"，这次座谈会标志着京津冀都市圈区域规划工作逐渐从前期准备阶段进入实质性的工作阶段。

（三）战略研究阶段（2006—2013年）

"十一五"和"十二五"规划期间，首都经济圈迎来一系列重大战略机遇。我国"十一五"规划纲要提出要发展建设京津冀城市群，北京在其新一轮的总体规划中也提出要积极推进环渤海地区的经济合作与协调发展。2008年2月，京津冀三地发改委共同签署了《北京市、天津市、河北省发改委建立"促进京津冀都市圈发展协调沟通机制"的意见》，以此为契机，京津冀地区合作力度进一步加大。2010年10月，河北省政府正式出台了《关于加快河北省环首都经济圈产业发展的实施意见》，提出了在规划体系等6个方面启动与北京的"对接工程"，加速环首都经济圈产业发展，积极培育新的经济增长极。2011年，"十二五"规划纲要明确提出："推进京津冀、长江三角洲、珠江三角洲地区区域经济一体化发展，打造首都经济圈。"根据规划纲要，首都经济圈将在交通网络一体化建设、资源能源和环境领域合作、产业合作等方面全面推进。随着京津冀跨区域合作的不断深入，京津冀协同发展从构想、探索阶段逐渐进入启动、实践阶段。

（四）重大国家战略阶段（2014年至今）

大战略谋划需要大格局。党的十八大以来，习近平总书记曾先后多次在京津冀地区考察调研，主持召开了一系列相关会议，为京津冀协同发展战略的部署和推动奠定了基础。2013年5月，习近平总书记在天津考察时提出"谱写新时期社会主义现代化的京津'双城记'"的战略构想。同年8月，习近平总书记在北戴河主持研究河北发展问题时，提出要推动京津冀协同发展。2014年2月26日，习近平总书记在北京考察时全面深刻阐述了京津冀协同发展的重大意义、推进思路和重点任务，强调京津冀协同发展是个大思路、大战略。2019年，习近平总书记对下一步推动京津冀协同发展提出了6个方面的要求，指明了前进方向。2023年，习近平总书记肯定了京津冀发展的显著成效，并指出京津冀协同发展战略是符合我国新时代高质量发展需要的，是推进中国式现代化建设的有效途径。在京津冀协同发展历史行进的进程中，一个个标志性的节点，一次次关键的指引，书写着习近平总书记引领推动京津冀协同发展的非凡历程，也昭示着这一历史性工程更加雄阔壮丽的未来图景。

三、习近平总书记关于京津冀协同发展的重要论述

"京津冀如同一朵花上的花瓣，瓣瓣不同，却瓣瓣同心。"在京津冀协同发展的每一个重要阶段和关键环节，习近平总书记都亲自把脉定向，为推进京津冀协同发展指明了方向。一是京津冀协同发展战略提出。2014年2月京津冀三地协同发展迎来重大机遇，习近平总书记在北京召开了座谈会，在会上指出"京津冀协同发展意义重大，对这个问题的认识要上升到国家战略层面"，并对推动京津冀协同发展的目标、原则以及任务等内容做了全面的论述。以此为标志，京津冀协同发展上升到重大国家战略层面，京津冀协同发展进入快车道。二是"滚石上山、爬坡过坎、攻坚克难"。2019年新年伊始，习近平总书记再赴京津冀调研，在主持召开的京津冀协同发展座谈会上强调京津冀协同发展进入"滚石上山、爬坡过坎、攻坚克难"的关键阶

段，需要下更大力气进一步推动协同发展，并对新阶段京津冀协同发展作出了战略部署。三是打造"中国式现代化建设的先行区、示范区"。2023年5月11日至12日，习近平总书记赴河北调研并召开了十年来的第三次事关京津冀协同发展的座谈会，在会上对京津冀协同发展提出了新的定位——努力使京津冀成为中国式现代化建设的先行区、示范区。这次座谈会赋予了京津冀协同发展新的定位、新的使命，推动京津冀协同发展迈上更高台阶。

（一）谋划大格局：京津冀协同发展战略提出

2014年2月26日讲话掀开了京津冀三地发展新的历史篇章。习近平总书记在这次座谈会中指出京津冀协同发展战略是探索完善城市群布局与形态、为优化开发区域发展提供示范与样板的需要，是探索生态文明建设有效路径的需要，是实现人口、经济、资源与环境相协调的需要，应加快走出一条科学持续的协同发展路子。这一阶段整体处于开局阶段，中央战略部署逐渐深化，《京津冀协同发展规划纲要》《北京城市总体规划（2016年—2035年）》《河北雄安新区规划纲要》等重磅文件陆续推出，顶层设计和战略规划不断清晰明确，一批京津冀协同的大工程、大项目全面铺开，产业、生态、公共服务、交通等协同领域不断实现新突破，协同发展的大框架基本落成。

1.着力加大对协同发展的推动

谋定而后动。2015年4月，中共中央政治局召开会议，审议通过了《京津冀协同发展规划纲要》（以下简称《规划纲要》），标志着京津冀协同发展进入规划建设与整体实施的实质性阶段。在整体功能定位方面，《规划纲要》明确要建立以首都为核心的世界级城市群。根据《规划纲要》，北京的定位是京津冀发展核心，持续加强"四个中心"建设；天津被赋予了"一基地三区"的功能定位，即全国先进制造研发基地、北方国际航运核心区、金融创新运营示范区、改革开放先行区；河北被赋予了"三区一基地"的功能定位，即全国现代商贸物流重要基地、产业转型升级试验区、

新型城镇化与城乡统筹示范区、京津冀生态环境支撑区。此外，《规划纲要》还明确了京津冀三地需要率先取得突破的产业、交通和生态三大重点领域。随后，《京津冀协同发展交通一体化规划》《京津冀协同发展生态环境保护规划》《京津冀产业转移指南》等三大重点领域相关政策文件陆续出台，推动《规划纲要》落地实施，促进京津冀协同发展从"蓝图"迈向"现实"。2016年2月，《"十三五"时期京津冀国民经济和社会发展规划》印发实施。这是全国第一个跨省的区域"十三五"规划，是推动京津冀协同发展向纵深推进的重要指导性文件，明确了京津冀地区未来五年的发展目标。

2. 疏解北京非首都功能

非首都功能疏解是京津冀协同发展的"牛鼻子"，对于促进京津冀协同发展具有重要的先导作用。2014年2月，习近平总书记在北京考察时的第一站就是北京市规划展览馆，在近一个半小时的考察中，习近平总书记就推进北京发展和管理工作提出了5点要求，并明确了"调整疏解非首都核心功能"的大思路[①]。2015年2月，习

① 资料来源：中华人民共和国中央人民政府（https://www.gov.cn/yaowen/liebiao/202305/content_6857724.htm）。

近平总书记在中央财经领导小组第九次会议上指出"疏解北京非首都功能、推进京津冀协同发展，是一个巨大的系统工程"。疏解非首都功能要坚持改革先行，放眼长远，走出一条内涵集约发展的新路子，一系列政策的出台为推进非首都功能疏解与承接指明了方向。2014年，北京为从源头上严控非首都功能增量，制定实施了中国首个以治理"大城市病"为目标的新增产业禁限目录——《北京市新增产业的禁止和限制目录》。2015年出台的《京津冀协同发展规划纲要》对北京非首都功能疏解的对象和原则做出了明确界定。之后，北京市相继出台了《北京市推进市场和物流中心疏解提升的工作方案》《关于加快推进劣势及不符合首都功能定位的国有企业退出工作的指导意见》《疏解非首都功能产业的税收支持政策（试行）》《关于组织开展"疏解整治促提升"专项行动的实施意见》等政策文件，推动非首都功能疏解的政策不断完善。

3. 着力调整优化城市布局和空间结构

河北雄安新区和北京城市副中心，以北京"两翼"之势，为区域发展开拓新空间。2015年《规划纲要》提出了构建"一核、双城、三轴、四区、多节点"的布局，明确了京津冀城市空间布局的新骨架。在此基础上，2016年5月27日，习近平总书记主持召开中央政治局会议，听取规划建设北京城市副中心和研究设立河北雄安新区有关情况汇报，并提出"建设北京城市副中心和雄安新区两个新城，形成北京新的'两翼'"战略构想。北京城市副中心和雄安新区建设是京津冀协同发展的重要组成，是千年大计、国家大事。2017年2月，习近平总书记来到河北省安新县考察调研，主持召开了小型座谈会，明确提出"规划建设雄安新区是具有重大历史意义的战略选择"。2017年4月，中共中央、国务院决定设立国家级新区——河北雄安新区，至此北京新"两翼"棋子落定。2017年8月，北京市政府、河北省政府签署了《关于共同推进河北雄安新区规划建设战略合作协议》，推动全方位协同合作，助力打造北京非首都功能疏解集中承载地。2018年11月，北京市市直机关工委、团市委等部门迁入城市副中心行政办公区办公，标志着城市副中心行政办公区正式启用，承接中心城区功能转移的任务正在加速推进①。

4.要把筹办冬奥会、冬残奥会作为推动京津冀协同发展的重要抓手

瓣瓣同心，"一起向未来"。筹办北京冬奥会对于京津冀协同发展具有强有力的牵引作用，有助于强化协同之势、蓄积协同之能、彰显协同之效。2015年，北京携手张家口成功申办2022冬奥会，为实施京津冀协同发展战略注入新的动力。2016年，习近平总书记在听取北京冬奥会、冬残奥会筹办工作情况汇报时指出，要把筹办冬奥会、冬残奥会作为推动京津冀协同发展的重要抓手，下大气力推动体制创新、机制创新、管理创新和政策创新，推动交通、环境、产业等领域协同发展先行先试。2017年1月，习近平总书记在河北省张家口市考察北京冬奥会筹办工作时进一步指出，河北省、张家口市要抓住历史机遇，紧密结合推进京津冀协同发展，通过筹办北京冬奥会带动各方面建设。2019年，京张高铁正式通车，标志着京张之间已经进入了"一小时交通圈"。借助冬奥会契机，京津冀三地在冰雪产业、交通基础设施、文化体育等领域开展广泛合作，形成了协同发展的新引擎。

---

① 资料来源：中华人民共和国中央人民政府（https://www.gov.cn/xinwen/2018-11/30/content_5344862.htm?cid=303）。

（二）高质量发展："滚石上山、爬坡过坎、攻坚克难"

"十四五"时期，京津冀协同发展进入"滚石上山、爬坡过坎、攻坚克难"的关键阶段。2019年1月18日，习近平总书记在第二次座谈会上指出，京津冀协同发展是一个系统工程，需要做好长期作战的思想准备，要从全局的高度以及更长远的考虑来认识、做好京津冀协同发展工作，需要增强协同发展的自觉性、自主性和创造性，保持历史耐心与战略定力，下更大力气推动京津冀协同发展取得新的更大进展。京津冀协同发展不断向纵深推进，越来越多地触及一些重大利益调整和深层次矛盾，京津冀三地以破难题、抓落实为重点，向改革创新要动力探索更高层次的协同发展。这一阶段，京津冀地区空间结构进一步清晰，首都"一核两翼"的空间格局开始形成，"轨道上的京津冀"提速发力，"蓝天下的京津冀"携手并肩，"科技创新链条上的京津冀"深入探索，更加紧密的京津冀协同发展格局正在同心同向同力加速构建。

1.紧紧抓住"牛鼻子"不放松，积极稳妥有序疏解北京非首都功能

2019年1月，习近平总书记在京津冀协同发展座谈会上提出"紧紧抓住'牛鼻子'不放松，积极稳妥有序疏解北京非首都功能。要更加讲究方式方法，坚持严控增量和疏解存量相结合，内部功能重组和向外疏解转移双向发力，稳妥有序推进实施"。随着京津冀协同发展进入新阶段，北京非首都功能疏解进入中央单位和相关地区协同发力的关键时期。2019年，天津市发改委发布《关于天津市促进承接北京非首都功能项目发展的政策措施（试行）》，加大对符合天津产业发展定位的来津非首都功能疏解项目的相关人才奖励与支持力度。同年，河北省则分别与北京、天津签署《关于进一步加强非首都功能疏解和重点承接平台建设合作协议》《关于进一步深化津冀协同发展战略合作协议》，积极推动产业转移和功能疏解。2020年，天津市政府发布《滨海新区承接北京非首都功能企业审批管理暂行办法》，旨在简化对承接北京非首都功能企业的审批手续。2021年1月，北京市委、市政府印发实施《关于"十四五"时期深化推进"疏解整治促提升"专项行动的实施意见》，进一步巩固拓展专项行动工作成效。此外，北京市陆续出台了《北京市人民政府关于实施城市更新行动的指导意见》《关于加强腾退空间和低效楼宇改造利用促进高精尖产业发展工作方案（试行）》等非首都功能疏解的相关政策，促进北京城市功能优化提升、腾退空间再利用。

2. 高质量推动北京"新两翼"建设

一方面，以北京市级机关搬迁为契机，高质量推动北京城市副中心规划建设。2019年，北京市级行政中心正式迁入城市副中心，城市副中心框架全面拉开。2021年3月，城市副中心管委会、通州区政府、廊坊市政府联合印发《关于完善一体化发展工作协调机制工作方案》，深入推进北京市通州区与河北省三河、大厂、香河三县市一体化高质量发展。同年8月，国务院印发了《关于支持北京城市副中心高质量发展的意见》，积极打造中心城区功能疏解和人口转移的重要承载地、京津冀协同发展的高质量样板和国家绿色发展示范区。规划建设城市副中心，不仅是调整北京空间格局、治理"大城市病"、拓展发展新空间的需要，也是推动京津冀协同发展、探索人口经济密集地区优化开发模式的需要。另一方面，保持历史耐心和战略定力，高质量高标准推动雄安新区规划建设。2019年1月，习近平总书记再次来到雄安新区考察，明确了"先植绿，后建城""先规划，后建设"的雄安新区建设理念，标志着雄安新区从顶层设计阶段转向实质性建设阶段。同年，中共中央国务院印发《关于支持河北雄安新区全面深化改革和扩大开放的指导意见》，对河北雄安新区全面深化改革和扩大开放的总体要求、重点任务、保障措施作了具体部署。2021年7月，经河北省人大常委会审议通过了《河北雄安新区条例》，将规划上升为法律，坚定了确保"一张蓝图干到底"的决心。

3. 坚持绿水青山就是金山银山的理念，强化生态环境联建联防联治

2019年1月，习近平总书记在京津冀协同发展座谈会上指出"坚持绿水青山就是金山银山的理念，强化生态环境联建联防联治。要增加清洁能源供应，调整能源

消费结构，持之以恒推进京津冀地区生态建设，加快形成节约资源和保护环境的空间格局、产业结构、生产方式、生活方式"。2019年，三地联合印发《关于进一步加强京津冀交界地区生态环境执法联动工作的通知》，通过横向联动进一步加大交界地区执法力度。2020年，北京市密云区、怀柔区、延庆区和河北省承德市、张家口市共同签署保水合作协议，京冀两市三区组成"保水共同体"，进一步完善生态补偿合作。同年，京津冀三地协同完成《机动车和非道路移动机械排放污染防治条例》，实现了三地间协同立法的重大突破。2022年6月，京津冀生态环境部门联合签署《"十四五"时期京津冀生态环境联建联防联治合作框架协议》，旨在深化三地生态协同内容，促进区域层面生态环境保护重大项目落地实施，标志着三地生态环境联建联防联治常态化机制正式建立。

4. 向改革创新要动力，发挥引领高质量发展的重要动力源作用

2019年1月，习近平总书记在京津冀协同发展座谈会上指出"向改革创新要动力，发挥引领高质量发展的重要动力源作用"。京津冀三地不断在产业协同、国家技术创新中心建设、自贸试验区联动发展、现代化首都都市圈构建等方面持续发力，加速协同。在深化三地产业交流合作方面，2019年8月，三地经信主管部门为进一步加强工作对接，共同签署了《进一步加强产业协同发展备忘录》，落实各项合作具体措施，推动产业链协同，共建产业合作载体。在进一步促进创新协同方面，2020年5月，京津冀国家技术创新中心由科技部批准组建，该中心是"十四五"时期国家重点建设的三个国家技术创新中心之一，标志着三地科技创新合作逐步深化，旨在进一步解决京津冀地区长期以来存在的创新资源"碎片化"问题。在促进自贸试验区联动发展方面，2021年9月，京津冀三地签订了《自贸试验区三方战略合作框架协议》，推动自贸试验区同城化谋划、联动式合作、协同化发展，为构建以国内大循环为主体、国内国际双循环相互促进的新发展格局提供有力支撑。在进一步加快现代化首都都市圈建设方面，2022年4月，北京市京津冀协同办印发了《构建现代化首都

都市圈重点任务落实工作方案》，建设现代化首都都市圈相关工作已纳入京津冀协同发展重要政策文件。

5. 坚持以人民为中心，促进基本公共服务共建共享

2019年1月，习近平总书记在京津冀协同发展座谈会上提出"坚持以人民为中心，促进基本公共服务共建共享。要着力解决百姓关心、涉及切身利益的热点难点问题，优化教育医疗资源布局"。为深入贯彻落实京津冀协同发展战略，三地在教育、社保、养老、医疗等领域进一步加强合作。2021年，京津冀三地签订《"十四五"时期京津冀教育协同发展总体框架协议》，与2018年三地联合印发的《京津冀教育协同发展行动计划》相比，目标同向、政策协调、优势互补的工作格局愈发明确。2018年9月，京冀卫生健康部门与雄安新区管委会共同签署《关于支持雄安新区医疗卫生事业发展合作框架协议》，并于2021年12月签署新一轮合作框架协

议，进一步丰富合作内容，创新工作机制，强化监测评估。京津冀三地为在养老领域持续加强合作，促进三地养老工作协同规划、服务对接，自2016年签订了《京津冀养老工作协同发展合作协议》后，陆续印发了《京津冀养老服务协同发展试点方案》《京津冀区域养老服务协同发展实施方案》《关于进一步深化京津冀养老服务协同发展的行动方案》等文件。为进一步方便京津冀参保人员区域内异地就医，2023年3月，京津冀三地医保部门联合印发《关于开展京津冀区域内就医视同备案工作的通知》，实现了京津冀区域异地就医"免备案"。

（三）迈上新台阶：中国式现代化建设的先行区、示范区

中国式现代化的新征程赋予京津冀新的战略定位。2023年5月，习近平总书记在第三次京津冀协同发展座谈会上，强调指出"努力使京津冀成为中国式现代化建设的先行区、示范区"。全面建设社会主义现代化国家进入新征程，中国的现代化建设有了更丰富内涵，加之新一轮科技革命和产业变革突飞猛进，在这样的背景下，京津冀协同发展面临着新的机遇与挑战，亟需从全局高度和长远目标考虑推动京津冀协同发展。未来京津冀将携手绘就中国式现代化建设的先行区、示范区的新图景，不断推动京津冀协同发展迈上更高台阶。

1.牢牢牵住疏解北京非首都功能这个"牛鼻子"

坚持积极稳妥、稳中求进，控增量和疏存量相结合，内部功能重组和向外疏解转移两手抓，有力有序有效推进疏解工作。要着力抓好标志性项目向外疏解，接续谋划第二批启动疏解的在京央企总部及二、三级子公司或创新业务板块等。要继续完善疏解激励约束政策体系，充分发挥市场机制作用，通过市场化、法治化手段增强向外疏解的内生动力。要进一步从源头严控北京非首都功能增量。

2.推动北京"新两翼"建设取得更大突破

北京城市副中心建设要处理好同雄安新区的关系，"两翼"要协同发力，有效解决北京"大城市病"问题。历经多年规划、前期准备和启动，雄安新区与北京城市

副中心进入全面建设的新阶段，如何使生产要素自发地向"新两翼"集聚成为未来京津冀协同发展的重要任务之一。此外，北京城市副中心建设要处理好同中心城区的关系，实现以副辅主、主副共兴。要加快推进第二批北京市属行政企事业单位迁入副中心，腾出的空间主要用于加强对首都核心功能的服务保障。要处理好同周边地区的关系，带动周边交界地区高质量发展。

3. 强化协同创新和产业协作

京津冀作为引领全国高质量发展的三大重要动力源之一，拥有数量众多的一流院校和高端研究人才，创新基础扎实、实力雄厚，要强化协同创新和产业协作，在实现高水平科技自立自强中发挥示范带动作用。要加快建设北京国际科技创新中心和高水平人才高地，着力打造我国自主创新的重要源头和原始创新的主要策源地。

要构建产学研协作新模式，提升科技成果区域内转化效率和比重。要强化企业的创新主体地位，形成一批有自主知识产权和国际竞争力的创新型领军企业。要巩固壮大实体经济根基，把集成电路、网络安全、生物医药、电力装备、安全应急装备等战略性新兴产业发展作为重中之重，着力打造世界级先进制造业集群。

4.继续加快推进交通等基础设施建设，深入推进区域内部协同

要唱好京津"双城记"，拓展合作广度和深度，共同打造区域发展高地，在建设京津冀世界级城市群中发挥辐射带动和高端引领作用。要把北京科技创新优势和天津先进制造研发优势结合起来，加强关键核心技术联合攻关，共建京津冀国家技术创新中心，提升科技创新增长引擎能力。河北要发挥环京津的地缘优势，从不同方向打造联通京津的经济廊道，北京、天津要持续深化对河北的帮扶，带动河北有条件的地区更好承接京津科技溢出效应和产业转移。要进一步推进体制机制改革和扩大对外开放，下大气力优化营商环境，积极同国内外其他地区沟通对接，打造全国对外开放高地。

5.增进人民福祉，促进共同富裕

要切实解决广大百姓关心关切的利益问题，不断提高人民群众的获得感、幸福感、安全感。要加快推进公共服务共建共享，强化就业优先政策，促进京津冀地区更加充分更高质量就业。要推动京津优质中小学基础教育资源同河北共享，深化区域内高校师资队伍、学科建设、成果转化等方面合作。要推进医联体建设，推动京津养老项目向河北具备条件的地区延伸布局。要持续抓好北方防沙带等生态保护和修复重点工程建设，持续推进绿色生态屏障建设等重大生态工程。

第二章　牛鼻子：一核疏解与两翼齐飞

以疏解北京非首都功能为"牛鼻子"推动京津冀协同发展是习近平总书记为北京"大城市病"治理开出的处方。党的十八大以来，习近平总书记11次视察北京、21次对北京发表重要讲话，深刻阐述了"建设一个什么样的首都、怎样建设首都"这一重大时代课题，为做好新时代首都工作指明了方向。要坚定不移从"北京发展"转向"首都发展"，从聚集资源求增长转向疏解功能谋发展；要坚持以减量提质为目标，将人口、建设规模双控与首都功能保障、老城整体保护、宜居城市建设相结合，为首都功能腾出宝贵的资源和发展空间，推动内涵集约和可持续发展，更好地满足首都的发展需要。将疏解非首都功能作为京津冀协同发展的着力点和出发点，不仅能为首都创造转型契机，也会为京津冀协同发展提供强有力的增长势能，在疏解中发展，实现京津冀城市群的共同繁荣。因此，疏解之于京津冀，不仅是空间所迫，更是发展所需。

一、指路领航：成功者先计于始，非首都功能疏解"见端知末"

2015年2月10日，习近平总书记在中央财经领导小组第九次会议上指出："疏解北京非首都功能、推进京津冀协同发展，是一个巨大的系统工程。目标要明确，通过疏解北京非首都功能，调整经济结构和空间结构，走出一条内涵集约发展的新路子，探索出一种人口经济密集地区优化开发的模式，促进区域协调发展，形成新增长极。"可见，确保疏解工作顺利推进和取得实效的关键是在疏解之前要把握好疏解方向、明确疏解思路。本书认为非首都功能疏解主要包括以下四个方面：

首先要明确为什么疏解，即疏解的必要性。一是北京面临严重的"大城市病"，人口及相关要素向首都过度集聚，导致北京出现严重的人口膨胀、交通拥堵、环境恶化、住房紧张、就业困难等一系列社会管理和公共服务问题，城市"瘦身"势在必行；二是非首都功能的过度叠加将会加重社会活动的负担，影响首都功能的发展和资源的合理配置。

其次是规划好如何疏解，即对全局工作进行整体设计。京津冀协同发展领导小组多次召开会议，形成了非首都功能疏解的"1+N+X"方案政策体系，实现了非首都功能疏解的整体研究谋划。

再次是把握疏解原则。2015年6月，中共中央、国务院印发实施《京津冀协同发展规划纲要》，明确了非首都功能疏解的四项原则，为非首都功能疏解指路护航。一是政府引导与市场机制相结合，能够降低政策失误的风险，并有效地实现资源的优化配置和社会福利的最大化；二是集中疏解与分散疏解相结合，通过灵活运用集中和分散的方式，既能够发挥集中疏解的经济效益，又能够借助分散疏解促进资源的合理配置和区域的均衡发展，以实现最优化的功能疏解效果；三是严控增量与疏解存量相结合，既把住增量关，也积极推进存量调整；四是统筹谋划与分类施策相结合，提高政策的针对性和适应性，提升非首都功能疏解效率。

最后是做好疏解。根据非首都功能疏解原则，可以将非首都功能疏解内容分为两部分：一是将非首都功能从中心城区迁出，减轻人口压力、交通拥堵和环境负担，为新的功能和产业提供发展空间；二是跳出北京看北京，在更大的空间格局中对非首都功能疏解加以考量，高标准高质量建设雄安新区和北京城市副中心，通过"一核"与"两翼"的互动，以副辅主、主副共兴推动区域空间结构优化。

二、老城重组：首都功能大幅提升，古都风貌日益展现

《北京城市总体规划（2016年—2035年）》指出，要建设政务环境优良、文化魅力彰显和人居环境一流的首都功能核心区，在有序疏解非首都功能的同时，保护古都风貌，传承历史文脉。《首都功能核心区控制性详细规划（街区层面）（2018年—2035年）》强调，要通过疏解整治与优化提升并举，促进非首都功能疏解，实现功能重组。核心区既是全国政治中心、文化中心和国际交往中心的核心承载区，又是历史文化名城保护的重点地区和展示国家首都形象的重要窗口地区，因此其非首都功能疏解在保障中央政务功能、推动"双控四降"的同时，还要做好街区保护更新工作。

（一）建设优良安全的政务环境，保障中央政务功能

首都功能核心区重要责任在于保障中央政务环境。一方面，核心区有序推动市级党政机关和市属行政事业单位向北京城市副中心疏解，为中央和国家机关优化布局提供条件。2019年1月，第一批市属行政事业单位正式迁入城市副中心，共涉及35个部门，165个单位，约1.2万人；2024年1月，第二批市属行政事业单位已迁入城市副中心。另一方面，推动被占用文物的腾退，加快重点片区疏解和环境整治，优化调整用地功能，营造安全、整洁、有序的政务环境。例如，对北大红楼等12处中国共产党早期北京革命活动旧址周边进行了整治，并持续推进长安街南北纵深区域品质提升，打造了一批"雅而秀"的高层次外交外事活动场地。

（二）"双控四降"成效显著，核心区逐步"静"下来

"双控四降"即控制人口、建设规模，降低人口、建筑、商业和旅游密度。其实现方式分为限制增量、疏解存量两个部分。限制增量体现在：通过政策管控对批发零售业、房地产业、教育、卫生等非核心区功能产业的新建与扩建采取禁限措施，

遏制建筑规模的增长。疏解存量体现在：通过内部功能重组和向外疏解转移双向发力，实现核心区建筑减量；以疏解商业门类、调整商业业态结构和优化商业设施空间布局为抓手，降低商业密度；依托全面推进景区门票预约制度、强化住宿业的整顿治理、引导核心区游客向中轴线外侧延伸等方式，降低旅游密度。2014—2022年，核心区常住人口规模由221.3万人下降至181.5万人，常住人口密度由23 924人/平方公里下降至19 503人/平方公里，年均降幅为2.52%；2016—2020年，商业密度由801.4家/平方公里下降至719.1家/平方公里，年均降幅为2.67%；2016—2021年，西城区建筑密度由147.9万平方米/平方公里下降至103.0万平方米/平方公里，年均降幅为6.97%[①]；北京全面推进重点景区门票预约制，通过多种线上渠道提供景区购票预约服务，每日分入园时段限量售票，降低旅游密度。

（三）有序推进街区保护更新，走出"都城相融"崭新路径

老城整体保护最早是在《北京城市总体规划（1991年—2010年）》中提出的，经过30余年的探索与实践，核心区经历了从对文物的点状保护到对历史文化街区的片状保护，再到对整个城区各类保护对象的全面保护的历程。当前，街区保护更新正从街区、地块、建筑三个层次，针对政务、文化、居住、产业四种功能类型，按照历史保护、保留提升和更新改造三种方式推动街区小规模、渐进式、可持续更新。其中，历史保护类项目包括申请式退租、老字号复兴、恢复性修建、保护性修缮、平房院落自主更新、老旧厂房合理利用和传统平房区基础设施改造等，保留提升类项目包括简易楼腾退改造、街巷环境治理、老旧小区综合整治、消费型空间改造、微空间营造、产业功能提质增效、老旧管线改造、道路空间优化、绿色出行体系建设和智慧街区建设等，更新改造类项目包括公共服务设施以及绿色空间建设等。

---

① 人口密度、商业密度和建筑密度分别为常住人口数/辖区面积、商业类企业数量/辖区面积、房屋建筑面积/辖区面积。资料来源：北京区域统计年鉴、产业高质量发展平台、北京市西城区人民政府年度工作报告。

核心区逐渐走出了一条"都"与"城"相融共生的崭新路径：一是在疏解上持续发力。东城区共疏解区域性专业市场21个、住宿业企业166家，退出工业企业16家。西城区"动批"市场转型为国家级金融科技示范区的核心区，成为"腾笼换鸟"的典型案例。二是在整治上保持定力。东城区全面完成了178条大街、1 004条背街小巷环境整治提升，123条背街小巷架空线清零；雨儿胡同、府学胡同等10条胡同成为北京"最美街巷"，平安大街等14条大街变身为林荫景观大道；东华门、建国门地区区属简易楼全部完成腾退，长安街沿线纵深一公里环境秩序持续改善。西城区纵深推进街区保护更新、背街小巷整治，杨梅竹斜街、鼓楼西大街、平安大街、西安门大街实现精彩亮相，西海南沿等8条胡同被评为"北京最美街巷"。三是在提升上集中发力。东城区以中轴线申遗带动老城整体保护，推进钟鼓楼周边、三眼井地区恢复性修建，完成了北京自动化仪表二厂和天坛医院旧址一期拆除，实施万宁桥周边、前门大街、钟鼓楼周边环境整治，中轴线绿色空间景观提升工程顺利完工。西城区地安门外大街品质提升等项目有序推进，西单更新场、菜西片被评为首届北京城市更新"最佳实践"。首都功能核心区生产、生活、生态空间实现更加协调有序。

案例2-1　申请式退租

站在鼓楼上向南眺望，看着蓝天白云鸽子盘旋飞过，眼前老院落屋顶上的青砖灰瓦，这些老四合院已然发生了巨大的变化。2021年以前，钟鼓楼周边有众多居民区聚集，铃铛胡同、豆腐池胡同、草厂胡同等街巷遍布周边，四合院多为1949年后建设，经过了六七十年的风风雨雨，房屋设施老旧，居民居住环境逼仄。2021年3月15日，钟鼓楼周边申请式退租项目启动，涉及东、西城两区，共157处院落，这也是中轴线沿线首个申请式退租项目。曾住在东城区鼓楼东大街草厂北巷的居民表示，通过响应"申请式退租"的政策，如今住进了宽敞明亮的楼房，获得感、幸福感、安全感大幅提升。

2019年，北京市住房和城乡建设委员会在《关于做好核心区历史文化街区平房直管公房申请式退租、恢复性修建和经营管理有关工作的通知》中明确提出了实施申请式退租政策，这项制度创新旨在通过对平房区房屋的实际使用权让渡来实现部分人口的外迁转移。2019年6月10日，全市第一个申请式退租项目在西城区菜市口西片区启动。目前，北京在菜市口西、雨儿胡同、砖塔胡同、雍和宫周边、大栅栏观音寺、钟鼓楼周边、三眼井、故宫周边、西草红庙街区、皇城景山、西总布、力学胡同、国子监等20个地区开展了申请式退租和共生院改造。2019年至2022年，已完成核心区平房（院落）申请式退租（换租）签约5 100余户，完成平房修缮改建5 900余户。申请式退租、新老共生的"共生院"模式得到了越来越多居民的理解和支持，已启动的试点片区平均退租签约率达到了50%以上，部分直管公房退租签约率高达80%至90%。预计到2025年，首都功能核心区将完成平房（院落）10 000户申请式退租和6 000户修缮任务。

（资料来源：京津冀大格局栏目，2022年6月22日，《中轴线上的城市更新——钟鼓楼篇》。）

三、精细用功：疏解整治促提升，专项行动稳步推进

深入推进"疏解整治促提升"专项行动是落实《京津冀协同发展规划纲要》和《北京城市总体规划（2016年—2035年）》的重要支撑，是优化首都功能和推动非首都功能疏解的有效举措。2017年，北京市政府出台《关于组织开展"疏解整治促提升"专项行动的实施意见》，推动非首都功能疏解、"大城市病"治理、发展质量提升等工作开展。2021年，《关于"十四五"时期深化推进"疏解整治促提升"专项行动的实施意见》明确了10方面25项任务，巩固拓展了专项行动的工作成效。6年来，"疏解整治促提升"专项行动取得了阶段性成果，城市治理能力全面提升，城市面貌焕然一新，百姓获得感显著增强。

（一）一般性产业疏解提质，腾退空间实现再利用

1."动批"蝶变金科示范区，推动河北批发市场提质增效

北京动物园服装批发市场过去是东鼎、聚龙等12个批发市场形成的集群，也是中国北方地区最大的服装批发集散地之一，每日客流量达10万人次。但周边环境也承受着巨大的压力，交通拥堵成为常态，治安、消防问题时有发生。2013年8月到2017年11月30日，"动批"市场疏解共经历了试点疏解、全面提速、整体迁出三个阶段。在疏解过程中坚持改革创新，"一楼一策"破解难题，建立了用产权换疏解、税收减免政策促进疏解、运用政府引导基金助力疏解、"减量平移"疏解、股权收购促疏解、"腾笼"与"换鸟"同步推进等多项创新模式。随后，西城区积极推动"动批"疏解地区转型成为国家级金融科技示范区，重点布局金融监管核心科技、金融科技核心业态和创新性专业服务，探索建设金融监管试验区，原"动批"地区重点

楼宇已有161家金融科技机构落户。其疏解方式和过程成为其他区域性批发市场和物流中心疏解提升的样板，2014年以来，北京累计退出了近1 000个批发市场和物流中心[①]。

河北紧抓北京动物园、大红门等批发市场和物流中心疏解契机，推动业态升级、产业提质增效。河北沧州明珠国际商贸城通过加大补贴、住房、子女入学的支持力度，吸引动物园、大红门市场商户落户，不仅带动了沧州服装产业的崛起，还拉动了当地餐饮业、娱乐业、地产业的发展。

2.精准疏解一般制造业企业，着重发展高精尖产业

一是疏解存量。北京积极推动一般制造业从集中疏解向精准疏解转变，推进不符合首都功能定位的一般制造业动态调整退出，累计退出一般制造业和污染企业超过3 000家。二是严控增量。《北京市新增产业的禁止和限制目录（2022年版）》明确规定了禁止类和限制类产业门类，累计不予办理新设立或变更登记业务2.5万件。三是发展高精尖产业。北京科技、商务、文化、信息等高精尖产业新设市场主体占比由2013年的40.7%上升至2022年的65.6%，十大高精尖产业的企业注册资本额均呈逐年增长态势，节能环保产业的企业注册资本额最高，人工智能产业的企业注册资本额增速最快[②]。

3.加强便民服务网点建设，推进传统商圈转型升级

商业更新已成为北京未来商业消费空间发展的新主线。北京积极采取措施推动传统商业服务转型升级。一是不断加强线上线下相结合的便民服务网点建设，精准补建便民商业服务网点。北京依托一刻钟便民生活圈动态地图，收录全市便民商业网点超过11万个，再通过大数据监测分析，指导各区精准补建便民商业网点，从而

---

① 资料来源：中共北京市委北京市人民政府推进京津冀协同发展领导小组办公室《京津冀协同发展亮点项目建设案例图册》。

② 资料来源：龙信企业大数据。

实现便民设施的精准补位。二是加紧推进国际消费中心城市建设，深化商圈改造提升行动，强化新消费地标载体建设，提高生活性服务业品质。2019年北京启动传统商圈和商场改造提升工作，已推动完成长安商场、西单更新场、翠微百货公主坟店等24家试点企业实现升级改造，王府井、前门大栅栏、三里屯等22个传统商圈完成阶段性改造提升。2022年，北京启动了新一轮商圈改造提升工作，制定《北京市商圈改造提升行动计划（2022年—2025年）》，按照"一圈一策、分批推进"的原则，五棵松、亚奥、西红门等28个商圈率先完成改造提升任务。

（二）优化公共服务空间布局，引导中心城区人口疏解

1.高校疏解稳妥有序落地，河北承接项目全面开工

"京校外迁"的意义在于有效缓解中心城区人口集聚压力，优化教育资源的空间布局，提升河北高等教育的质量和水平。北京在"十三五"时期就明确指出，要疏解部分高等教育功能，不再扩大高等教育办学规模。2015年以来，北京积极推动部分高校疏解，疏解方式大致可分为三类。一是在北京郊区建设新校区，如北京城市学院、北京建筑大学、北京工商大学等高校搬迁至顺义、大兴、房山等郊区新校区。二是推进沙河、良乡高教园区向大学城转化，沙河高教园已入驻北京航空航天大学、北京师范大学、北京邮电大学等8所高校，进驻49个国家和省部级重点实验室，高端人才聚集，科研成果丰硕；良乡大学城以"打造世界一流的科教及产业融合新城"为目标，已入驻中国社会科学院大学、北京理工大学等5所高校。三是支持部分中央在京高校向雄安新区有序转移，首批疏解的北京交通大学、北京科技大学、北京林业大学、中国地质大学（北京）4所高校雄安校区全部开工建设，4所高校的扎根将为雄安新区高标准高质量建设发展提供高水平教育科技人才支撑。

2.统筹配置优质医疗资源，优化医疗卫生机构布局

《北京城市总体规划（2016年—2035年）》指出，严禁在核心区新设综合性医疗机构和增加床位数量，引导鼓励在外围地区建设新院区。近年来，北京通过发挥医

疗联合体作用、以托管等方式缓解三级医院压力、开展医疗卫生资源疏解提质项目等途径，推进核心区优质医疗资源向郊区资源薄弱地区转移，有效推动了优质医疗资源的疏解和空间布局的优化。一是同仁医院、朝阳医院、北大人民医院等三甲医院在郊区建立分院；二是天坛医院、口腔医院等中心城区医院实现整体迁建；三是同仁医院亦庄院区、东直门医院东区等已建成的三甲医院郊区分院进行扩建；四是支持丰台医院等部分区属医院提质改建。

案例2-2　医者同心　天坛样本

　　天坛医院新院位于丰台区花乡桥东北区域，总用地面积为28.2公顷，建设用地面积为18.2公顷，总建筑面积为35.2万平方米，并被定位为区域性医疗中心。天坛医院是1949年以来北京首家从中心城区整建制搬迁的大型三级甲等综合医院，为保护中轴线文化功能腾出了宝贵空间，辐射带动城南地区提升医疗服务水平，增强了群众获得感。

　　天坛医院功能定位的变化使得其输出层次也相应发生改变。第一个层次是对周边社区的医疗机构和二级医院的输出。在丰台区政府领导下，建立了区域医联体，目前已经覆盖了15个社区医院和丰台区的部分二级医院，此后还会继续向大兴区和房山区延伸。第二个层次是在河北等省份建立国家区域医疗中心，目前正处于落实阶段。第三个层次是国家神经系统疾病医疗质量的控制中心。

　　从天坛一隅到城南花乡，搬迁为天坛医院带来机遇，转型使天坛医院成为样本。以搬迁为契机，天坛医院重建了心脏外科、风湿免疫科、胸外科、肿瘤科、康复科和新生儿科等过去没有的科室，引进国内一流的学科带头人强化了过去比较薄弱的科室，逐渐从"大专科小综合"医院向"强专科大综合"医院快速转型。天坛医院综合医疗能力正处于飞速发展阶段，以世界先进的医疗水平承担起区域性医疗中心的责任。

　　（资料来源：京津冀大格局栏目，2019年7月17日《医者同心　天坛样本》（上）和2019年7月24日《医者同心　天坛样本》（下）。）

（三）拆除违法建设，为城市更新"留白增绿"

　　《关于"十四五"时期深化推进"疏解整治促提升"专项行动的实施意见》强调，要在做好分类处置存量违法建设、创建基本无违法建设区的基础上，建立拆违腾退土地利用台账，对规划为绿化用地的地块及时复绿、复垦，因地制宜推进大尺度绿化、建设口袋公园和小微绿地，实现应绿尽绿。2020年11月，北京市政府审议通过了修订后的《北京市禁止违法建设若干规定》，使北京违法建设执法体制更加优化，执法行为更加规范。从拆除违法建设成效来看，共拆除违法建设2.4亿平方米，石景山、门头沟等14个区及经济技术开发区完成"基本无违法建设区"创建目标，2022年建立的"一区一策"评价指标体系实现了对创建区、复评区的全覆盖督导，为未来发展预留空间。从"增绿"成效来看，通过腾退还绿、疏解建绿、见缝插绿等途径，利用拆违腾退空间实施绿化约9 000公顷，将口袋公园、小微绿地打造成为集生态、景观、功能为一体的高品质公园绿地，交出了一份喜人的绿色答卷。

（四）整治提升桥下空间，发挥城市"角落"功能

四通八达的立交桥撑起城市的骨架，桥下空间是城市公共空间的重要组成部分。但桥下空间使用管理非常复杂，涉及交通、规划、城市管理、生态环境等多个部门，管理主体多，利用现状不尽合理，群众期待空间再利用的需求较为迫切。随着城市建设由增量扩张逐渐转向存量更新，桥下空间越来越受到社会的关注。2021年，桥下空间整治提升首次被纳入疏解整治促提升专项任务。按照"八有八无"标准，北京全面开展桥下空间违规侵占和无序使用行为的治理工作，让原本不被注意的城市"角落"发挥功能、焕发生机，更好地满足市民对城市高品质公共空间的需求。

桥下空间整治是非常复杂的系统问题，权属多样，各具特色，大多采用"一桥一策"的策略。例如，天宁寺桥位于北京市西城区二环路西南角，桥下空间宽阔，但此前的开发利用十分有限，封闭昏暗、通行不便、利用率低，主要用于停车、公交场站和市政养护站点的使用。2023年2月，北京开展了首个多元复合的既有桥下空间提升利用试点项目——西城区天宁寺桥改造提升工程，如今天宁寺桥下已变成兼具运动场与儿童乐园功能的休闲场地，篮球场、羽毛球场和复合运动场已全面投入使用。过去的首钢大桥桥下空间利用率较低，经过改造之后，从三方面有了较大的改进：一是跟冬奥公园大环境和周边绿地进行有效衔接，形成了完整的环境区域；二是为周边居民提供了聚会、交往和交流的场所；三是改造风格符合首钢整体的后

工业文化理念。自桥下空间整治提升首次被纳入疏解整治促提升专项任务以来，桥下空间已经整治完成了近800处，城市"被遗忘的角落"正在被唤醒①。

（五）疏解转型谋发展，金隅彰显国企担当

首钢、金隅、首农等市属国有企业通过疏解推动转型升级，进而实现"腾笼换鸟"，具有一定的示范作用。以金隅智造工场为例，金隅智造工场是以原金隅天坛家具公司生产基地为载体，通过对存量老旧工业厂房改造升级，转型而成的以"大信息及智能制造"为核心的创新型科技园区。作为金隅集团在西三旗地区落地的第一个存量工业厂房升级改造项目，金隅智造工场逐渐形成了以创新型科技园区为目标定位、以高品质空间改造构筑新型园区形态、以高精尖项目导入重塑新型产业形态

---

① 资料来源：京津冀大格局栏目，2023年6月21日，《桥下空间如何激活：探寻北京新模式》。

的"金隅模式"，成功实现了从"瓦片"到"芯片"的华丽蜕变，已打造成为集先进、智能、绿色为一体的国际化高端产业创新中枢[①]。

一是传统工业企业生产产能向河北整体迁移，并在疏解过程中实现提档升级。2016年4月，金隅天坛家具公司整体搬迁至大厂县，建成了年产80万标件的生产线，并采用地源热泵系统、生物质能源站系统（循环经济、节能环保）等一系列革命性创新举措，使生产方式及管理模式实现了质的飞跃。二是保留了原有工业厂房的空间结构。金隅智造工场保留了园区内85%以上的高举架、高荷载产业空间，将最稀缺的产业空间留给具备小试中试、检验检测以及小规模转产产业环节需求的"硬科技"创新企业，将原厂房改造为具备智能制造产业聚集规模的高端产业园区。三是坚持内优外拓，提升主导产业创新竞争能级。园区集聚了近百家高新技术企业，包括6家"独角兽"企业和19家北京瞪羚企业，创新发展势头强劲。四是聚焦智能制造，激发创新活力。金隅智造工场已初步形成"一个国家重点工程实验室、两个科技成果孵化与转化平台、三家新能源及智能网联汽车行业领军企业、四家智能制造行业'独角兽'、多条科技产业链环节"的产业格局。

四、繁荣新城：高标准高质量加速推进，"两翼"建设持续发力

从国际经验看，解决"大城市病"问题经常采用"跳出去"建新城的方法；从我国经验看，改革开放以来通过建设深圳经济特区和上海浦东新区，有力推动了珠三角、长三角地区的发展。党的二十大报告指出："促进京津冀协同发展，有序推动北京非首都功能疏解项目落地，高标准高质量建设雄安新区，推进北京城市副中心建设。"因此，要坚持世界眼光、国际标准、中国特色、高点定位，推进雄安新区和北京城市副中心"两翼"建设，为京津冀协同发展开拓新空间。

---

① 资料来源：京津冀大格局栏目，2021年3月17日，《疏解转型谋发展：看金隅》。

（一）"绿"启新篇，雄安新区从蓝图走向实景

2018年4月以来，经党中央同意，国务院陆续批复了《河北雄安新区规划纲要》《河北雄安新区总体规划（2018—2035年）》《河北雄安新区起步区控制性规划》《河北雄安新区启动区控制性详细规划》等一系列规划，为推动雄安新区规划建设作出顶层设计。2021年7月29日，经河北省人大常委会审议通过了《河北雄安新区条例》，将规划上升为法律，坚定了确保"一张蓝图干到底"的决心。2023年5月10日，习近平总书记在河北雄安新区考察时强调，雄安新区已进入大规模建设与承接北京非首都功能疏解并重阶段，工作重心已转向高质量建设、高水平管理、高质量疏解发展并举。

1.千年大计始于千年秀林，绿水青山成色更足

建设雄安新区如同在一张白纸上作画，起手第一笔，便涂上了一片绿色。从最初谋划雄安新区建设，习近平总书记就强调："要坚持生态优先、绿色发展，划定开发边界和生态红线，实现两线合一，着力建设绿色、森林、智慧、水城一体的新区。"基于此，雄安新区优先加强生态建设，坚持绿水青山就是金山银山，把绿色作为高质量发展的普遍形态，统筹城淀林田水草系统治理，严格区域环境保护，划定生态红线、永久基本农田和城市开发边界，加强耕地保护，加大造林和湿地恢复力度，构建森林环城、湿地入城格局，使整个新区逐步变为一个生态文明之城。截至2023年底，雄安新区累计造林45.4万亩，森林覆盖率从11%提高到了34%。根据规划，未来雄安新区森林面积将达到86万亩，森林覆盖率将达到40%。

雄安新区设立后实施的第一个项目就是以建立城市森林为目标的"千年秀林"工程。6年多以来，"千年秀林"工程有序铺展，银杏、国槐、白蜡等200多种、2 500多万株苗木苗壮成长，呈现出人与自然和谐共生的生态画卷。该工程最为突出的两个特点分别是"近自然"理念和"1+1"帮扶模式。"近自然"理念是遵循森林的自然演替规律，在适度人为干预下，实现森林自我调节、自我更新、自我演替，

最终形成异龄、复层、混交的稳定生态系统。选种主要为适合在华北地区生长和繁衍的长寿、适生、美观和乡土树种，通过不同树种的搭配，提高生物多样性，提升生态系统稳定性和可持续性；栽植方式采用了随机落点的形式，要求相邻的三棵树不能在一条直线上，自然随机布点。"1+1"帮扶模式是指优先考虑当地村民参与植树造林工作，采用一名熟练工带一名新人的模式进行帮扶，为本地农村贫困人口创造就业岗位①。

2. 多措并举开门迎客，为企业和项目搭建广阔舞台

雄安新区不断优化承接疏解的服务功能，采取多种举措开门迎客。在完善配套措施方面，雄安新区贯彻"产城融合、职住平衡"理念，在落地补贴、经营奖励、办公保障、住房补助、人才奖励等方面设置专项奖励资金，加大政策扶持力

---

① 资料来源：京津冀大格局栏目，2020年7月1日，《新两翼绿满城：千年秀林"近自然"》。

度，形成了承接疏解的配套政策体系。在创新用地模式方面，明确启动区各功能片区定位，全面推行出让、租赁、作价出资、先租后让、弹性年限出让等多元化供地方式，对高端高新产业项目、疏解北京非首都功能项目，推出优惠地价政策，保障新区各类项目用地需求。仅2023年上半年，就完成了企业总部、高端科研、配套商服和居住等不同用地类型的土地供应26宗。在外贸支持方面，2020年4月，国务院批复设立中国（雄安新区）跨境电子商务综合试验区，朱各庄产业园、白洋淀产业园和晾马台产业园先后挂牌运营。2023年6月，雄安综合保税区正式获得了国务院批复同意设立。未来，雄安新区将实现雄安新区、自贸试验区、跨境电商综合试验区及综保区"四区"驱动，实现更好承接京津科技溢出效应和产业转移。

6年多以来，雄安新区企业如雨后春笋般生长。四家首批央企总部项目已全部顺利落户雄安新区：中国星网总部大楼项目正在开展装饰装修施工；中国中化总部大厦项目正在进行主楼结构封顶；中国华能总部项目已全面转入二次结构施工阶段；中国矿产资源集团已在启动区确定选址。2023年全年，雄安新区引进央企二、三级子公司34家，注册资本超过130亿元。中央企业已累计在雄安新区设立子公司及各类分支机构200多家，呈现质、量并进的良好局面。

3.共建共享，逐步优化教育、医疗等公共服务

6年多以来，雄安新区积极构建现代化教育、医疗公共服务体系，不断加强京津冀教育与医疗合作，探索现代化城市治理和功能提升新路径。在教育方面，京津冀59所优质学校与雄安新区学校建立了多种形式的帮扶合作关系，由帮扶学校派出管理干部和骨干教师，开展组团式帮扶和整体托管；由北京以"交钥匙"方式援建的"三校"已顺利开学并迎来首批新生；北京交通大学、北京科技大学、北京林业大学、中国地质大学（北京）等4所高校雄安校区已开工建设。在医疗方面，雄安宣武医院主要参照北京医院项目建设标准建设，项目建成后移交雄安新区，由雄安新区

委托北京一流的医疗集团进行管理，引入北京先进办医理念和管理模式，充分发挥北京优质医疗资源的引领和辐射作用。当前，雄安宣武医院（一期）已开诊，接诊的科室包括神经内科、心脏内科、内分泌科等；雄安宣武医院（二期）主体结构完成，正在进行二次结构及幕墙施工；北京大学人民医院雄安院区建设工程项目也已开工建设。

（二）明确承接重点，城市副中心三大功能区日新日进

规划建设北京城市副中心，是以习近平同志为核心的党中央作出的重大决策部署，是千年大计、国家大事。2018年1月，《北京城市副中心控制性详细规划（街区层面）（2016年—2035年）》指出，要发挥对疏解非首都功能的示范带动作用，以行政办公、商务服务、文化旅游为主导功能，形成配套完善的城市综合功能。6年来，城市副中心宏伟蓝图深入实施，三大功能区日新日进。

1.第二批市级机关完成搬迁

行政办公区建设是北京落实《京津冀协同发展规划纲要》，疏解非首都功能的标志性项目（其建设过程充分体现了智慧科学和节能环保理念。钢结构工程采取计算机控制、数控加工，所有构件引入全程可追溯的二维码管理，广泛利用BIM技术、装配式建筑技术、综合管廊技术等先进建造技术和理念，实现智慧科学建造、精细化管理；充分利用地热能、光伏发电、智能配电等新技术，注重节能环保，清洁能源利用达到100%，可再生能源比重达到40%）。2019年1月，第一批市级行政中心正式迁入城市副中心；2024年1月，第二批市级机关已完成搬迁，城市副中心与主城区"以副辅主、主副共兴"的发展格局正逐渐形成。

2.三年行动计划谋新篇，运河商务区遍栽梧桐树

运河商务区是北京城市副中心建设的先行区、示范区。近年来，城市副中心持续用生态的办法解决北运河生态问题，通过疏浚河道、根治污染源、净化水质、补植乔灌木等措施改善了生态环境，为发挥商务服务功能打下坚实基础。作为疏解北京中心城区商务功能、提升消费功能、集聚文化功能的重要空间载体，运河商务区栽下梧桐树，吸引凤凰来。当前，运河商务区共引入了三峡资本等总部企业、传神语联等高新企业、四季沐歌等专精特新企业100余家，注册企业近两万家，产业集聚与发展正逐渐步入快车道，集聚效应开始形成。2023年3月，北京通州区人民政府印发《运河商务区发展三年行动计划（2023年—2025年）》，明确了运河商务区的产业功能定位和产业发展布局，通过实施9项重点任务，将其建设成为以核心启动区为中心，以新城金融服务园和副中心站综合交通枢纽为支撑和延伸的"一体两翼"区域发展格局①。

3. "硬核科技"撑起超级工程，文化建筑彰显城市发展

城市副中心文化建筑包括北京艺术中心、北京城市图书馆、北京大运河博物馆三大建筑项目，于2023年12月27日建成投用，是城市副中心"一带、一轴、两环、一心"规划格局的重要组成部分。超级工程的"超级"之处，往往伴随着"硬核科技"。在工程建设过程中，充分运用了BIM技术实现参数化设计与数控生产加工，利用BIM可视化、参数化、信息集成优势，将剧院的各阶段建设过程进行可视化模拟，建造视觉样板，让使用方、设计师建设者、劳动工人都能够充分感知建造过程，实现"所见即所得"。此外，城市副中心打破了以往公共建筑集群各自独立建设的固有模式，实现了城市副中心剧院、图书馆、博物馆、共享配套设施及轨道交通预留车站五个单体建筑一体化设计建设的模式创新，建设"没有围墙的建筑"，实现了开放共享。三大文化建筑及共享配套设施项目未来将成为立足城市副中心、辐射京津冀、提升文化软实力的重要阵地和展示城市发展的生动窗口。

---

① 资料来源：京津冀大格局栏目，2023年12月27日，《千年运河畔 文化新明珠》。

北京城市图书馆
"森林书苑"

　　北京城市图书馆设计意象是坐落于六环公园边的"森林书苑",设有艺术文献馆、古籍文献馆、非物质文化遗产展示区、立体书库、少儿馆、报告厅、开架阅览区等功能分区。项目定位为现代大型省级公共图书馆,集学习共享、城市智库、知识传播等功能于一体。此外,北京城市图书馆与北京400多家一卡通图书馆可以实现通还,共享百余万册图书借阅。

　　从规划之初,智慧化建设就已深度融入城市图书馆。建设过程中技术团队采用了"BIM+3D扫描"、玻璃纤维增强混凝土包柱系统、太阳能薄膜光伏系统、抗震三向转动铰支座等诸多创新技术,以及椭圆形银杏树身GRC柱腔体内承载的机电、消防等诸多功能性系统;全馆规划设计了多个智慧服务场景,包括以"订单式""菜单式""预约式"为服务机制的全要素预约服务,构建更立体的用户画像,为读者推荐更合适的图书与活动;全国首位AI数智馆员"图悦阅"经由人工智能大语言模型训练,能提供更直观、生动、及时的信息交互,它将出现在图书馆的各类软硬件交互终端,精准提供信息查询、书籍导航、阅读指导、个性推荐等服务。

（资料来源：中共北京市委北京市人民政府推进京津冀协同发展领导小组办公室《京津冀协同发展亮点项目建设案例图册》。）

第三章 骨骼系统：
交通一体化持续向纵深拓展

交通一体化是京津冀协同发展的骨骼系统和先行领域，也是有序疏解北京非首都功能的基本前提。加快构建快速、便捷、高效、安全、大容量、低成本的互联互通综合交通网络，能够为京津冀协同发展提供坚实基础和保障条件。2015年11月，国家发展改革委、交通运输部联合编制《京津冀协同发展交通一体化规划》，明确了京津冀交通一体化发展的目标和主要任务，为全面推进京津冀交通一体化相关工作高质量落地落实提供了指导。10年来，京津冀三省市牢牢把握交通的基础先导作用，始终坚持"交通先行"，推动以轨道为骨干的多节点、网格状、全覆盖的交通基础设施网络不断形成，区域运输组织和服务质量有效提升，着力打造与现代化首都都市圈、京津冀世界级城市群相适应的综合交通网络，推进区域交通一体化发展从"蓝图"迈向"现实"。

一、卓有成效：出行结构持续优化，交通绿色发展稳步推进

打造"轨道上的京津冀"是京津冀交通一体化的核心，城市轨道交通（含市郊

铁路）作为京津冀区域间四层轨道交通网络[①]的重要组成部分，对推进"轨道上的京津冀"建设意义重大。同时，作为城市的大动脉和城市发展的源动力，城市轨道交通具有运能大、成本低、速度快、绿色安全等优点，能有效促进城市绿色发展。因此，京津冀协同发展10年来，三地以发展城市轨道交通为重要抓手，聚焦强优势补短板，不断加大地铁及市郊铁路的规划建设力度，持续优化出行结构，大力推动绿色出行，助力"轨道上的京津冀"跑出"加速度"。

（一）北京：城市轨道交通线网日益优化，绿色出行比例不断提升

京津冀协同发展战略实施以来，北京以轨道交通"提级改造"为重点，大力推动地铁和市郊铁路建设，同步推进新线建设和既有线网优化提升改造，不断提升城市轨道交通运输效率，加快建设绿色出行体系，促进交通与城市融合发展。2022年底，北京中心城区绿色出行比例为73.4%[②]，成为首批全国"绿色出行创建城市"。

地铁网络进一步织补、加密、优化。10年来，北京地铁加速扩建和升级，已成为北京公共交通的骨干系统。截至2023年底，北京地铁交通运营线路已达27条，运营总里程达836公里，车站490座，其中换乘站83座[③]。在新线建设方面，相较于2013年底的17条地铁线路，新增7号线、11号线、16号线、17号线、19号线、燕房线、S1线、西郊线、亦庄T1线和大兴机场线等10条线路，地铁线网布局日益完善，服务半径进一步扩大。在既有线网优化提升方面，完成了宣武门换乘通道改造，通过打造"地下立交"，将2号线和4号线的换乘方式由双向十字换乘改为内外环单向换乘，提高了换乘能力；实现了6号线双向开行大站快车以及1号线与八通线、房山线与9号线的贯通运营，显著缩短了乘客换乘时间，极大提高了线路通达性和乘客出行便捷性。

---

① 包括国家干线铁路、城际铁路、市郊铁路、城市地铁。
② 资料来源：北京市交通委员会（https://jtw.beijing.gov.cn/xxgk/dtxx/202303/t20230331_2949407.html）。
③ 资料来源：北京地铁网站（https://www.bjsubway.com/news/qyxw/yyzd/2023-12-29/129603.html）。

"一干多支"市郊铁路主骨架加快构建。截至2023年底，北京已开通运营4条市郊铁路，包括连接中心城与延庆新城的S2线、串联城市东西部的城市副中心线、联系中心城与远郊新城的怀柔—密云线以及串联东北部新城的通密线，总运营里程已达400公里（其中市域内364.7公里），运营车站24座，覆盖了市域内主要空间走廊，显著提升了顺义、大兴、亦庄、昌平和房山新城与中心城区间的出行效率，提高了城市副中心等重点功能区的综合交通承载力。

轨道交通"四网融合"[①]加快推动。一方面，积极推广国铁、地铁安检双向互认，提升乘客乘坐市郊铁路换乘国铁、地铁的效率。当前，北京西站、清河站已实现地铁、火车站安检互认，北京南站、丰台站已实现国铁旅客无需二次安检即可进入城市轨道交通，并积极推动双向安检互认，极大提升了乘客出行便利度。另一方面，推进地铁和市郊铁路"一票通行"。2023年底，北京地铁和市郊铁路更大范围实现"一票通行"，普通实体一卡通卡、北京一卡通App、亿通行App乘车码、支付宝App乘车码可通乘北京地铁和市郊铁路，同时在市域范围内享受月累计优惠政策，极大地提升了市郊铁路与城市轨道交通的融合度，降低了乘客出行成本。

（二）天津：地铁建设"加速快跑"，轨道交通网络结构不断优化

京津冀交通一体化工作开展以来，天津高度重视城市轨道交通的发展，不断加大对地铁的建设力度，促进轨道线路由线结网，出台专项规划推动市郊铁路快速发展。

地铁建设加速推进。截至2023年12月31日，天津地铁运营线路已达10条，实现市内六区、环城四区、滨海新区轨道交通全覆盖，通车里程达309.94公里[②]，公共交通出行分担率提升至60%，列车正点率、运行图兑现率均达到99.99%。4号线北段、5号线调整段、7号线一期、8号线一期及延伸段、11号线一期西段及延伸段、

---

① "四网融合"是指干线铁路、城际铁路、市域（郊）铁路和城市轨道的融合。

② 资料来源：天津市人民政府网站（https://www.tj.gov.cn/zmhd/hygqx/202312/t20231228_6493072.html）。

B1线一期、Z2线一期、Z4线一期等多条线路在加速建设，城市轨道交通覆盖面不断扩大。

市郊铁路发展实现重大突破。为加快天津市郊铁路发展，天津市发布《天津市市域（郊）铁路专项规划（2019—2035年）》，旨在实现"四网融合"，有效支撑京津冀协同发展，缓解城市交通拥堵，优化城镇空间布局。根据市郊铁路功能定位，规划形成由7条走廊线、2条联络线组成的"7+2"格局市郊铁路网，与城市轨道交通共同构建市域线、城区线两级线网，总规划规模681公里（其中新建494公里、利用既有铁路187公里）。当前，津蓟市郊铁路已经开行；作为天津市首个市域工程，津静市郊铁路首开段架梁已全部完工，顺利实现桥通。

（三）河北：实现地铁零的突破，基础设施短板加快补齐

2014年以来，河北紧抓京津冀协同发展机遇，着力补齐基础设施短板，全力加快城市轨道交通建设，积极谋划市郊铁路网络建设，加快构建立体化、现代化城市交通系统。

地铁实现从无到有。2017年6月26日，石家庄市轨道交通1号线一期工程和3号线一期工程正式开通试运营，解决了市区中轴线东西向交通需求，并连通火车站，结束了河北没有地铁的历史。截至2023年底，石家庄共有3条地铁开通运营，里程总长约76.5公里，设车站60座，初步形成了东西南北贯通的轨道交通骨干网络，极大地便利了市民的出行，也提升了城市发展能级和综合承载力。

市郊铁路网络建设加快谋划。2021年4月，为推动河北市郊铁路加快发展，高质量建设"轨道上的京津冀"，河北发布《关于推动都市圈市域（郊）铁路加快发展的实施意见》，强调铁路主要布局在省内区域中心城市以及环京津重点城镇，重点满足1小时通勤圈快速通达出行需求。同年，全国第一个省级综合立体交通网规划——《河北省综合立体交通网规划纲要》印发实施，内容突出强调"重点谋划石家庄市中心城区至新三区（藁城、栾城、鹿泉）市域铁路和城市轨道交通二期建设规划，推

动邯郸、唐山等市利用既有铁路资源开行市域（郊）列车"。

二、携手并进：共织交通网，京津冀互联互通互融水平持续提升

2015年12月，《京津冀协同发展交通一体化规划》提出，要推进京津冀交通总体布局由"单中心放射状"通道格局向"四纵四横一环"[①]网络化格局转变。京津冀协同发展战略提出以来，三地携手下好交通一体化先手棋，着力推进交通基础设施建设和互联互通，持续加快建设"轨道上的京津冀"，加速推动公路交通织密成网，共促交通发展日新月异。当前，京津冀三地干线铁路和城际铁路主骨架基本建立，"四横四纵一环"的京津冀网络化综合运输通道格局基本形成，公路交通网络日益完善通畅，京津冀核心区1小时交通圈、相邻城市间1.5小时交通圈已基本形成，交通一体化发展正在从"蓝图"变成"通途"。

（一）"轨道上的京津冀"初步建成，区域交通"经脉"日益疏通

轨道不仅是京津冀协同发展的重要载体与经脉，也是区域人流、物流、资金流、信息流畅行的"高速路"。2014年以来，京津冀三地持续深入推动多层级的轨道交通网络建设，搭建起干线铁路和城际铁路主骨架，推动"轨道上的京津冀"加速形成。

1.区域国家干线铁路建设不断完善，京津冀所有地级市实现高铁全覆盖

10年来，津保铁路、京张高铁、京沈客专（京哈高铁京承段）、石济高铁、石太客专、崇礼铁路、大张高铁、张呼高铁等一大批高速铁路开通运营，进一步压缩了京津冀与东北、中原、山东半岛城市群等周边区域的时空距离，初步形成城市群间良性互动格局（见表3-1）。截至2022年底，京津冀区域性铁路营业里程已达10 933公里（其中高铁2 575公里）[②]，较2014年增长39.4%，实现铁路对20万人口以上城市

---

① "四纵"即沿海通道、京沪通道、京九通道、京承—京广通道，"四横"即秦承张通道、京秦—京张通道、津保通道和石沧通道，"一环"即首都地区环线通道。

② 资料来源：北京市人民政府（https://www.beijing.gov.cn/ywdt/gzdt/202305/t20230525_3112843.html）。

全覆盖，高铁已覆盖北京、天津及河北11个地级市，1个国家级新区——雄安新区，以北京、天津为核心枢纽，贯通河北各地市的全国性高速铁路网已基本建成。雄忻、津潍、京雄商、京港台高铁建设全面提速，京津冀地区铁路网实现快速扩充。

表3-1　2014年以来京津冀主要国家干线铁路通车运营情况

铁路名称	开通时间	铁路地位	开通意义
津保铁路	2015年12月28日	滨海新区通往西北部的重要客货通道； 雄安新区"四纵两横"区域轨道交通路网的重要组成部分	结束了天津保定之间没有直通列车的历史，同时分散了北京枢纽压力； 解决了天津没有直通西部的铁路通道问题，助力天津铁路形成了真正意义上的"十字结构"； 连接了津秦客运专线、京广高速、京沪高速等三条线路，缩短了京津冀城市群的时空距离
石济高铁	2017年12月28日	"八纵八横"高速铁路主通道之一"青银通道"的重要组成部分； 连接京沪、京广两大高速交通大动脉的重要枢纽	促进了以北京、天津、石家庄和德州为基点的京津冀矩形高铁环形网的形成
京张高铁	2019年12月30日	《中长期铁路网规划》中"八纵八横"高速铁路主通道中"京兰通道""京昆通道"的重要组成部分； 2022年北京冬奥会重要交通保障设施	形成了西北、蒙西、晋北至京津冀、东北、华东等地便捷的快速铁路干线； 实现了北京、延庆、张家口三个冬奥赛区快速连通，为北京冬奥会提供了重要交通保障； 拉近了北京与张家口的时空距离，填补了北京西北部高速铁路的空白
京哈高铁京承段	2021年1月22日	"八纵八横"高速铁路主通道之一"京哈—京港澳通道"的重要组成部分； 2022年北京冬奥会重要交通保障设施	标志着京哈高铁全线贯通；将北京到承德的行车时间由4个多小时大幅缩短至1小时，标志着北京与相邻城市间铁路1小时通达全面实现，京津冀核心区及相邻城市间"1小时交通圈"基本形成

资料来源：作者整理。

2.城际铁路建设持续推进，京津冀区域间联系日益紧密

城际铁路建设是推进京津冀交通一体化的重要一环。自京津冀协同发展战略提出以来，京津冀三地间城际铁路建设步伐逐步加快，三地间的交通衔接持续推进，京津冀城市间联系更加紧密。京津城际延伸线、京雄城际、京唐城际、京滨城际、津兴城际等相继建成通车（见表3-2），有效连通了北京、天津、雄安新区、唐山、廊坊等地区，相邻城市间基本实现铁路1.5小时通达，京雄津保"1小时交通圈"已经形成。京滨城际二期（北辰至滨海新区段）、京唐城际铁路北京隧道段、石衡沧港城际和城际铁路联络线一期等一大批城际铁路加速建设，京津冀区域路网结构进一步优化。

表3-2　2014年以来京津冀主要城际铁路通车运营情况

铁路名称	开通时间	铁路地位	开通意义
京津城际延伸线	2015年9月20日	连接北京与天津滨海新区的快速便捷通道	实现了北京到于家堡中心商务区一小时内直达，成为带动经济发展、实现铁路出行公交化的重要纽带，也使得"轨道上的京津冀"交通骨骼愈发完善
京雄城际	2020年12月27日	雄安新区首个开工建设的重大交通设施工程；联系雄安新区、北京大兴国际机场和北京城区最便捷高效的重大交通基础设施；完善京津冀区域高速铁路网结构的重要铁路线路	京雄城际的全线贯通标志着高速铁路正式接入了雄安新区这一片未来的热土，也是雄安地区铁路枢纽建设迈出的重要一步，列车从北京西站发车最快50分钟即可到达雄安站，雄安新区正式迈入北京"1小时交通圈"
京唐城际	2022年12月30日	《京津冀地区城际铁路网规划》的骨干线路；京津冀交通一体化的标志性工程；北京至唐山的快速交通走廊	与东北方向的津秦高铁联通，成为加快构建"轨道上的京津冀"的重要力量；将城市副中心①至唐山的通行时间缩短至1个小时以内，并将廊坊市北三县纳入北京半小时交通圈，有效促进了香河县对北京非首都功能疏解承接以及与北京通州区一体化高质量发展
京滨城际	2022年12月30日	《京津冀城际铁路网规划》中的重点建设项目；京津冀协同发展交通一体化重大国家战略的重要组成部分	将天津市北辰区、宝坻区纳入到京津冀"半小时生活圈"，进一步完善了京津冀地区轨道交通网络；填补了宝坻区、北辰区、滨海新区东南部片区的高铁空白，为京津科技的产业轴提供了重要交通支撑，有效促进了北京非首都功能疏解以及优势互补、高质量区域经济布局和国土空间体系的加速构建
津兴城际	2023年12月18日	继京津城际、京沪高铁、京唐、京滨城际铁路之后，又一条联通北京与天津的高速铁路，同时也是大兴国际机场辐射津冀的又一条轨道交通动脉	将天津西至大兴机场间的行车时间缩短至40分钟，并带动沿途北京、天津、安次、永清等市县地区形成"半小时交通圈"；不仅解决了永清县不通高速铁路的历史，也增加了周边几条高等级高铁干线的辐射范围，同时为推动京津冀协同发展起到了积极作用，加速了"轨道上的京津冀"的形成

资料来源：作者整理。

————————————

① 运营初期由北京站始发终到。

3.轨道交通平谷线加速建设，环京区"通勤圈"深度融合

轨道交通平谷线是落实京津冀协同发展战略，高质量打造"轨道上的京津冀"的骨干线路，也是京津冀首条跨省界的城市地铁线路。线路西起朝阳区东大桥站，东至平谷区平谷站，串联起CBD核心区、定福庄组团、城市副中心、河北三河地区、平谷新城等重点功能区，全长81.2公里，共设车站21座，其中北京段长约51.2公里、设站16座，河北段长约30公里、设站5座，在河北燕郊设置车辆维修综合基地1座，在朝阳区平房地区设置停车场1处。2023年平谷线建设开始逐步发力，基本实现了全线全面开工：河北段年末车站基本进场，6台盾构机下地始发；平房停车场前期工作扎实推动，出入段线实质动工；工程10座车站[①]主体结构封顶，占22号线工程（19个车站）的53%，车站主体建设进度过半。建成后，北三县到城市副中心将实现十分钟以内通达，到CBD地区缩短至半小时，平谷区到CBD地区压缩至一小时，将大大拉近京冀两地时空距离，并首次实现廊坊北三县、北京平谷区接入首都"地铁圈"，进入"1小时交通圈"。届时，将有力提升区域轨道交通服务能力和水平，有效缓解北三县人员进京通勤压力，增强城市副中心对廊坊北三县地区的辐射带动作用，实现主副中心之间快速联系，支撑重点功能区发展。

（二）区域公路网不断织补加密，运输服务水平"更上层楼"

加速推动公路交通织密成网是交通一体化的重点任务之一。京津冀交通一体化工作开展以来，三地大力推进交通规划对接，携手打通"大动脉"，构建高效便捷的互联互通高速公路网，织补加密跨界公路网，为三地发展"舒筋活络"，并持续提升管理和服务水平，让群众跨域出行便利顺心。

---

① 包括管庄站、北关站、副中心站、政务中心站、政务中心东站、神威大街站、潮白大街站、马坊站、马昌营站和平谷站。

1.高速公路路网结构不断优化，"单中心、放射状"路网结构持续改善

便捷通畅的公路交通网日益完善。因规划和建设节奏的差异，京津冀三地形成了多条"断头路""梗阻路"，阻碍了区域间互联互通。10年来，三地主动加强工程对接，持续优化路网结构，推动京昆高速、大兴机场高速、津石高速、京礼高速、大兴机场北线高速、京秦高速、京雄高速等一大批高速公路建成通车，逐步打通"断头路"、疏通"梗阻路"累计32条段共2 005公里，实现京津冀区域间全面消除国家高速公路网"断头路"，以北京为核心的京津冀"单中心、放射状"路网结构得到有效改善（见表3-3）。截至2022年底，京津冀三省市高速公路总里程达到10 880公里（北京、天津、河北各1 196公里、1 358公里、8 326公里），较2014年增长36.3%。

表3-3　2014年以来京津冀主要高速公路通车运营情况

高速名称	开通时间	高速地位	开通意义
京昆高速	2015年12月22日	实现京津冀协同发展的一个重要节点	标志着京津冀交通一体化迈进新阶段
京台高速北京段	2016年12月9日	大兴国际机场外围"五纵两横"地面综合交通体系中的重要"一纵"	进一步促进了京津冀区域间人流、物流、信息流、产业流的往来沟通，推动京津冀协同发展迈出了坚实一步，并且构建了北京与台海地区重要城市交通运输大动脉
首都环线高速通州大兴段	2018年8月20日	京津冀协同发展建设的核心工程之一； 京津冀地区"四纵四横一环"综合运输大通道主骨架中的重要"一环"	标志着首都地区环线高速正式成环； 对京津冀区域形成主要城市之间"1小时交通圈"、改善北京城市副中心周边路网结构和交通状况以及疏解北京东六环车流压力和过境货运交通均起到积极作用
荣乌高速河北段	2018年12月28日	雄安新区"四纵三横"区域高速公路网中的重要"一横"； 横穿雄安新区的第一条高速公路； 西部省份直通雄安新区的一条便捷大通道	连接了太行山高速、京昆高速、京港澳高速等重要交通枢纽，对助力雄安新区建设，推动京津冀交通一体化建设进程具有重要作用
大兴机场高速	2019年7月1日	大兴国际机场外围"五纵两横"地面综合交通体系中的重要"一纵"； 由中国速度和中国质量建造而成的"新国门第一路"	将南五环到大兴国际机场的通行时间压缩至20分钟左右； 对于带动北京城南发展、疏解非首都功能、辐射雄安新区、推动京津冀协同发展都具有重要意义
津石高速	2020年12月22日	雄安新区"四纵三横"区域高速公路网新建项目中第一个率先启动并率先建成通车的重大项目； 连接天津、雄安新区和石家庄市的重要联络通道	便利了津石两地的交通，将石家庄至天津的通行时间由过去的4小时缩短至现在的3小时； 加强了雄安新区与天津港的交通联系，畅通了雄安新区的出海通道

续表

高速名称	开通时间	高速地位	开通意义
京礼高速	2021年8月31日	唯一一条串联起2022年冬奥会北京、延庆、张家口三大赛区的高速公路; 北京西北方向连接河北和内蒙古地区的"第三通道"	对于打造北京2022年冬奥会低碳交通网络,实现"两地三赛区1小时交通圈"起到重要支撑; 对于缓解京藏、京新高速公路的客货运交通压力、提高道路通行能力和行车安全以及改善北京西北地区的路网结构具有关键作用; 对于带动延庆区、河北等地的旅游、农业等产业发展,具有十分重要的意义
大兴机场北线高速	2022年12月19日	大兴国际机场外围"五纵两横"地面综合交通体系中的重要"一横",也是其中唯一一条公路主干道	串联起廊涿高速和京雄高速支线,实现了大兴机场与北京中心城区、河北雄安新区,以及天津、保定、廊坊等城市的快速连接; 不仅加速了京冀两地路网融合,对于机场周边交通设施及环京一小时交通体系的建设也具有重要作用
京秦高速	2023年2月4日	京津冀协同发展交通一体化"四纵四横一环"骨架中的重要"一横"	将秦皇岛至北京的通行时间至少缩短半小时,大大提升了京津冀交通一体化进程
京雄高速	2023年12月28日	雄安新区"四纵三横"区域高速公路网中的重要"一纵"; 国内首条在内侧设置智慧专用车道的高速公路	搭建起连接北京与雄安新区最便捷的快速交通走廊; 对完善雄安新区对外骨干路网,构建京雄1小时交通圈,服务京津冀协同发展具有重要意义

资料来源:作者整理。

案例3-1　国家工程·京礼高速

北京—崇礼高速公路，简称京礼高速，由兴延、延崇两条高速合并而成，南起北京市昌平区六环路土城西桥，北接河北省张家口市崇礼区首都环线高速公路白旗互通，途经北京市昌平区、延庆区，河北省怀来县、赤城县和崇礼区等地，全长170公里，全线修建互通式立交14座、桥梁55座、隧道18座，桥隧比平均达到66%，于2020年1月全线开通。依托服务冬奥的契机，京礼高速已经成为科技装备最多、应急保障效率最高和服务保障水平最优的高等级道路。

京礼高速是智慧之路。京礼高速是国内首条实现北斗卫星信号全覆盖和综合应用、全线桥隧智能检测全覆盖、在山区运营的车路协同示范高速公路[①]。京礼高速是绿色之路。京礼高速采用多项绿色技术：沿线太阳能路灯采用超级电容技术，并结合布设的太阳能光伏系统，彻底解决了传统太阳能路灯使用寿命短、阴雨天不能充电、低温环境不能工作等问题；通过建设"梯田"、栽种水生植物、建蓄水池等方式，实现了雨水的集蓄利用。京礼高速是科技之路。部分路面采用自主研发的新型防冰雪沥青路面，在沥青混合料内加入主动型环保有机融冰雪添加剂，能够主动抑制道路表面结冰，且对周边的植被、土壤、水源无任何影响。京礼高速是文化之路。沿途诸多景观融入中国元素：玉渡山隧道小桩号端洞门融入长城文化元素，造型具有水关长城城楼风格，充分呼应北京长城文化带的文化氛围；金家庄特长隧道，洞口设计了古长城烽火台造型，与其周边长城遗址遥相呼应，体现了该地区作为边城要塞的历史风情。京礼高速是扶贫之路。京礼高速的开通结束了赤城县不通高速公路的历史，极大便利了村民的出行，丰富了县城的产业业态，冰雪经济、文化旅游、健康养生、特色农牧、绿色矿山等产业均随着高速的开通而不断培育发展壮大，为当地的脱贫攻坚和经济发展带来新的机遇。

（资料来源：京津冀大格局栏目，2019年8月28日，《国家工程 京礼高速》；中共北京市委北京市人民政府推进京津冀协同发展领导小组办公室《京津冀协同发展亮点项目建设案例图册》。）

[①]　京礼高速主线工程一般路段建设了北斗地面增强基站，提供亚米级高精度定位，隧道内利用卫星扩展技术实现了卫星信号全覆盖，并以此为基础，构建了基于北斗的应急救援一体化管理系统，实现车辆人员的迅速定位与救援力量的动态调度与区域协同。

2.跨界公路网不断织补加密，推动首都地区环线全线绕出北京

10年来，三地跨界公路网也在不断织补加密，建成良常路南延、国道G105京冀接线段等一批国省干线，国道109新线高速、厂通路、西太路、通宝路、姚家园东延（神威北路）、石小路（安石路）等跨省市道路建设正在加速推进，廊坊北三县与通州区骨干道路加快成网。

案例3-2　京冀水上"牵手"·厂通路

厂通路位于北京市通州区和河北省大厂县域内，是副中心与大厂县联系的重要通道之一，包含厂通路公路和潮白河大桥两部分，全长约7.9公里，北京、河北段各约7公里、0.9公里，大桥全长约1.63公里，其中北京段约1.02公里，河北段约0.61公里。作为京津冀协同发展、北京城市副中心与河北廊坊北三县交通一体化高质量发展标杆性重点工程，潮白河大桥开创了京冀两地"四个一体化"[①]工作新模式，为项目的顺利推进提供了重要保障，未来，京冀两地也将通过这座跨河大桥再次实现水上"牵手"。

2021年12月22日，厂通路北京段、河北段同步开工建设，预计2024年建成通车，通车后不仅能大幅缩短大厂县与城市副中心之间的距离，极大地便利两地居民通勤出行，还有助于推动城市副中心基础设施、产业向北三县延伸布局，为通州区与北三县一体化高质量发展起到有力支撑，同时还能在缓解通燕高速、京塘路、武兴路等道路交通压力的同时，为潞城镇北部地区新增一条东西向集散通道，促进镇域规划发展。

（资料来源：京津冀大格局栏目，2023年2月1日，《交通一体化助力区域协同发展》；中共北京市委北京市人民政府推进京津冀协同发展领导小组办公室《京津冀协同发展亮点项目建设案例图册》。）

3.同城化效应日益凸显，"一卡走遍京津冀"出行模式渐成

10年来，三地区域一体化运输服务品质不断提升。一方面，跨市域公交线路快速发展，"通勤圈"逐步释放同城化效应。2023年底，北京已开通41条跨省公交线路（其中北三县达24条），运营里程达2 712公里，服务范围辐射北京周边廊坊、张家口、保定等多10多个市县，大幅提升了环京地区通勤人员进京通行效率；开通京津冀定制快巴，包括燕郊、大厂、香河、廊坊城区、固安和武清6条主线，共36条支线，累计开行26 400个班次，累计客运总量突破100万人次，日发154个班次，持续

---

① 　一体化规划、一体化设计、一体化建设、一体化管理。

打造"一小时环京通勤圈"，同城化效应日益凸显。另一方面，实现区域公交、地铁"一卡通"互联互通，从"走得了"逐步迈向"走得好"。从2015年三地联合开展交通"一卡通"互联互通试点以来，京津冀交通"一卡通"不断推广使用，截至2022年底，京津冀交通"一卡通"已与全国超300个城市实现互联互通，"一卡走遍京津冀"乃至全国的出行模式初步形成，公共出行服务效率和一体化出行服务水平全面提升，城际、城乡间居民出行更加便利。

三、海陆空齐飞：海空两港链全球，新两翼综合交通枢纽初具雏形

综合交通枢纽是整合公路、铁路、航空、海港等为一体的海陆空协同枢纽体系。《京津冀协同发展交通一体化规划》提出，要着力构建现代化津冀港口群、打造国际一流航空枢纽。推动港口与航空的发展，既是打造京津冀综合交通枢纽集群的关键，也是实现京津冀交通一体化的重点任务之一。2022年，北京市政府印发《北京市"十四五"时期交通发展建设规划》，强调北京要联动天津、雄安、石家庄等城市，打造面向世界的京津冀国际性综合交通枢纽集群。10年来，京津冀三地交通部门持续增强协同联动，机场群、港口群建设成果已达到国际先进水平，北京城市副中心和雄安新区综合交通枢纽初具雏形，共同构筑起京津冀交通发展"新骨架"。

（一）天津港蓬勃发展，津冀联手共建世界一流港口群

2019年1月，习近平总书记视察天津港时强调，"要志在万里，努力打造世界一流的智慧港口、绿色港口，更好服务京津冀协同发展和共建'一带一路'"，为天津港发展进一步指明方向。作为京津冀"海上门户"，天津港不断推进绿色智慧港口建设，为京津冀协同发展持续注入新动能。同时，津冀两地港口也在不断深化分工合作，持续推动以天津港为核心、以河北港口为两翼的世界级港口群建设。

1."志在万里"天津港，"网络全球"竞进国际枢纽

天津港是我国重要的现代化综合性港口、世界人工深水大港，也是京津冀地区

的主要出海口以及京津冀协同发展的重要支撑。2014年以来，天津港不断巩固提升"天下港口、津通世界"的国际枢纽港优势，打造陆海双向高水平开放平台，持续加快世界一流绿色智慧港口建设，取得显著成效。一方面，陆海深度融合平台作用持续发挥，海陆双向辐射能力明显增强。2023年底，天津港集装箱航线已达145条，对外同全球超180个国家（地区）的500多个港口建立了贸易关系，对内物流网络辐射至全国14个省（自治区、直辖市）[①]，腹地面积近500万平方公里。2022年，天津港完成货物吞吐量5.49亿吨，集装箱吞吐量突破2 100万标箱，中欧班列年运量突破9万标箱，海铁联运突破120万标准箱，实现了历史性跨越，海陆运输节点的枢纽优势充分发挥[②]。另一方面，绿色智慧港口建设成绩亮眼。2021年10月17日，天津港仅用时21个月就建成全球首个"智慧零碳"码头——天津港第二集装箱码头，该码头建成之初就创下全球"7最"[③]，攻克了13项世界性技术难题，形成了76项发明创新，实现了"智慧+绿色"全领域深度融合；在全国沿海港口率先完成100%汽运煤停运，持续深化运输结构调整，实现绿色运输。

2.津冀两地携手相"融"，港口分工合作不断深化

有"融"乃大，聚"合"则强。《京津冀协同发展交通一体化规划》《加快推进津冀港口协同发展工作方案（2017—2020年）》等文件的出台，进一步明确了津冀两地港口的功能定位，为完善沿海港口布局、优化跨行政区划的港口资源配置提供了顶层指引。10年来，津冀两地港口携手相"融"，着眼于错位发展、优势互补，逐步从无序竞争走向竞合。一方面，分工协作持续深化，功能互补的津冀环渤海港口群

---

① 北京、天津、河北、陕西、山西、宁夏、甘肃、青海、内蒙古、新疆、河南、山东、吉林、黑龙江等14个省（自治区、直辖市）。

② 资料来源：天津市人民政府（https://www.tj.gov.cn/sy/xwfbh/xwfbh_210907/202304/t20230410_6163185.html）。

③ "7最"：建设周期最短、适用范围最广、运营成本最低、绿色低碳最佳、装卸效率最高、智慧程度最优、颜值色彩最美。

基本建成。天津港以集装箱干线运输为重点，不断调整优化大宗散货运输结构，积极发展滚装和邮轮等运输功能，建设国际枢纽港；河北省港口则加快巩固能源、原材料等大宗散货运输功能，拓展临港产业、现代物流等功能。两港错位发展格局基本形成。另一方面，合作不断走深走实，世界级港口群加快建设。津冀两地港口通过破除"各扫门前雪"思维定式，以资本为纽带建立起合作关系，实现了"1+1＞2"的聚合效应。天津港集团与河北港口集团频频"牵手"，于2014年合资组建渤海津冀港口投资发展有限公司，于2017年出资组建津冀国际集装箱码头公司。2020年，双方第二次签署全面战略合作协议，推动合作全面升级；又于2023年底签署推动京津冀协同发展走深走实战略合作协议，以巩固合作成果，共建津冀世界级港口群。天津港集团与唐山港集团也加快合作步伐，共同组建津唐国际集装箱码头公司，以打破港口间壁垒。陆续开通天津港至黄骅港"天天班"海上快线、天津港至曹妃甸综合保税区环渤海内支线等，更加紧密的串联起津冀两地港口。2022年底，津冀港口群货物吞吐量超18亿吨，以天津港为中心的环渤海内支线运输网络已初具规模，天津港与唐山港、黄骅港、曹妃甸港等港口形成了干支联动、无缝衔接、相互支撑的格局。

（二）国际一流航空枢纽加快建设，空铁交通逐渐实现贯通连接

2017年，《全国民用运输机场布局规划》明确提出打造京津冀世界级机场群，同年年底，《推进京津冀民航协同发展实施意见》进一步对京津冀世界级机场群建设中的分工定位进行了明确。按照国家统一部署，三地机场携手"起飞"，开展更高层次的密切合作，努力建设形成分工合作、优势互补、协同发展的世界级机场群。

1."龙凤呈祥"航空双枢纽格局形成，"双核两翼多节点"机场群布局完成

2019年9月25日，金秋的北京飞出了一只"钢铁凤凰"——大兴国际机场正式通航。自此，大兴机场与首都机场南北呼应，北京"一市两场"比翼齐飞、"龙凤呈祥"的航空双枢纽发展格局正式形成。开通4年来，大兴机场累计保障航班起降68.29万架次，累计完成旅客吞吐量、货邮吞吐量分别达8 248.17万人次、55.73万吨[①]。2023年，北京两场完成旅客吞吐量9 228万人次，其中首都机场5 287万人次，大兴机场3 941万人次[②]，旅客量屡创新高。2022年3月，北京制定《打造"双枢纽"国际消费桥头堡实施方案（2021—2025年）》，确定了5个方面共24项重点任务，以充分发挥"双枢纽"优势，有力支撑北京培育建设国际消费中心城市。

伴随着大兴国际机场的通航，京津冀9个规划机场全部投入使用，京津冀机场群"双核两翼多节点"的发展格局布局完成。其中，首都机场、大兴机场为"双

---

① 资料来源：新华社（http://www.xinhuanet.com/2023-09/25/c_1129884835.htm）。

② 资料来源：新京报（http://m.bjnews.com.cn/detail/1704090515129327.html）。

核"，天津滨海机场、石家庄机场共同构成"两翼"，多个支线机场和通用机场为重要节点，共同服务于京津冀协同发展战略。近年来，天津滨海国际机场强化区域枢纽功能，大力发展航空物流，机场三期扩建工程加快推进；石家庄正定机场积极发展航空快件集散及低成本航空，成功迈入千万级机场行列；秦皇岛北戴河机场、承德普宁机场建成通航，张家口宁远机场及邯郸机场等改扩建工程均已建成投用，邢台军民合用机场可满足年旅客吞吐量45万人次、货邮吞吐量1 300吨的使用需求。协同分工、差异化的发展格局初步形成，机场群已然成为京津冀区域经济增长新引擎。

2.机场陆侧交通保障体系不断完善，多种交通方式无缝衔接

旅客、货主对航空枢纽的需求，不仅是对航空运输的需求，也是对综合交通的需求。京津冀地区通过加强民用运输机场与轨道交通的衔接和融合，加快实现了主要机场间以及机场与周边重要城镇和功能区通过轨道交通快速连接，推动了综合交通枢纽集群建设。大兴机场在规划建设之初就确定了"五纵两横"①的综合交通规划，通过外围四通八达的交通网络以及配套设施的建设，促进航空、城轨、铁路、地面交通等多种交通方式衔接顺畅。如今，机场外围"五纵两横"的综合交通网络已初步成形，国际性综合交通枢纽基本建成，为乘客提供了重要的交通服务保障。如大兴机场北线高速串联起廊涿高速和京雄高速支线，为雄安新区、涿州、廊坊等地旅客提供了抵离大兴机场的快速通道；津兴城际铁路开通运营，从天津市区出发可直达大兴机场。此外，以首都机场、天津机场、石家庄机场为核心，其他支线机场为主要节点的其他机场空铁联运、空路联运模式也逐渐成熟，为扩大机场辐射范围、提升航空服务水平和枢纽运营效率提供了有力支撑。

---

① "五纵"为大兴国际机场线、京雄城际铁路、京开高速公路、京台高速公路、大兴国际机场高速公路，"两横"为大兴国际机场北线高速公路、廊涿城际铁路。

案例3-3 国家发展新动力源·北京大兴国际机场

北京大兴国际机场（以下简称"大兴机场"）横跨北京市大兴区和河北省廊坊市，距首都机场、天津机场、廊坊市中心、河北雄安新区、北京城市副中心、天津市中心、保定市中心各67公里、85公里、26公里、55公里、54公里、82公里、110公里，靠近京津冀的地理中心，与首都机场、天津滨海机场构成"品"字形布局，既服务首都北京，又保障雄安新区，是京津冀地区的重要枢纽。大兴机场功能定位为"大型国际枢纽机场"，主要分为飞行区、航站区、货运区、机务维修区和工作区等功能区域，于2019年9月25日正式投运。作为京津冀协同发展交通一体化的重点工程以及国家发展新动力源，大兴机场在规划建设中有以下几大特色亮点：

（1）航站楼指廊造型，登机更便捷。为缩减旅客的步行距离，大兴机场的航站楼采用集中式布局，地上四层（另有一个四层的夹层）、地下两层，共设计5个登机指廊、1个综合交通中心，其中综合交通中心包含地铁、城际铁路等多种交通方式，便于旅客方便、快捷地到达航站楼。

（2）将机场规划融入城市规划。大兴机场规划建设过程中积极与城市规划融合，按照城市规划有关要求，建设主体组织编制了北京大兴国际机场控制性详细规划，与周边城市规划做好衔接，成为融合发展的典范。

（3）着力打造智慧机场。大兴机场充分利用物联网技术、云技术及存储、个人智能终端、虚拟可视化等科技手段，打造信息共享、智能决策的智慧机场，给旅客更多智能化出行体验，改变了机场运行服务的理念。

（资料来源：中共北京市委北京市人民政府推进京津冀协同发展领导小组办公室《京津冀协同发展亮点项目建设案例图册》。）

（三）雄安新区综合交通网络初步建成，"未来之城"交通基底不断完善[①]

雄安新区设立6年来，交通作为先行示范领域率先突破，交通路网全面建设，北

———

① 资料来源：京津冀大格局栏目，2023年2月15日，《雄安新区综合交通网络初步建成》。

京和雄安两地之间规划的公路和铁路网已经基本建成，而更为细密的立体综合网线也正在不断完善和织密。一方面，"四纵三横"①的区域高速公路网全面形成。2021年5月29日，京雄高速公路河北段、荣乌高速新线、京德高速公路一期工程同期建成通车。至此，连同既有的京港澳、大广、荣乌、津石4条高速共同构成的"四纵三横"雄安新区对外高速公路骨干路网全面形成，为构建京雄1小时交通圈提供了有力支撑。另一方面，"四纵两横"②的区域轨道交通网加速形成。京雄城际铁路建成通车，雄安站同步投入使用，使雄安新区融入京津冀城际铁路网，实现与北京的"半小时交通圈"；雄安至北京大兴机场的轨道快线（京雄快线）加快推进，2023年底，京雄快线起点车站——雄安航站楼站顺利实现封顶；雄商、雄忻高铁开工建设，以雄安为中心的轨道交通路网正在逐渐成形。同时雄安新区各个片区间的联系通道也在逐步加密，启雄线雄白路、雄鄚路，省道333的东延，省道042，高铁站至省道333的

---

① "四纵"为京港澳、大广、京雄和京德高速，"三横"为荣乌高速新线、津雄高速、津石高速。
② "四纵"为京广高铁、新区至北京新机场快线、京港台高铁京雄—雄商段、京雄—石雄城际，"两横"为津保铁路、津雄城际—京昆高铁忻雄段。

连接线等组团间联系的干路均已建成通车，以起步区和外围组团联线为主体，以特色小城镇周边为支撑的新区骨干道路系统已经建立，外围的高速公路和内部的城市道路之间的顺畅联系交通体系已经逐步形成。此外，雄安新区还积极推动轨道、城市道路、公交系统等与综合客运枢纽紧密衔接，如创新性提出并实践了城市交换中心（Gity Exchange Center，CEC）[①]理念，有序推进CEC建设运营，成功打造了全新的城市公交运营模式。

（四）"京帆"扬起，城市副中心站综合交通枢纽崭露头角

城市副中心站综合交通枢纽位于城市副中心"一带一轴"空间结构交汇处，是北京城市总体规划确定的十大综合交通枢纽之一，是北京唯一连接两大国际机场的铁路综合枢纽，也是副中心唯一连接京津冀和城市中心区的换乘枢纽。枢纽整体为地下3层结构，自下而上分别为站台层、候车大厅层、城市生活层，一体化实施范围约为61公顷，地下建设面积为128万平方米，建成后将是亚洲最大的地下综合交通枢纽。副中心站集成了京哈高铁、京唐城际、S6线（新城联络线）、M6线、M101线、M104支线、M22线（平谷线）、M21线（市郊铁路S6线）、市郊铁路S1线（市郊铁路副中心线）等9条交通线，实现了"四网融合"，交通线路间最短换乘距离只有56米，仅需耗时1分钟，未来将成为高效通达的节点枢纽。枢纽建成后将形成内外交通的高效衔接，成为建设"轨道上的京津冀"、强化与津冀轨道联结的又一重要支点，届时由副中心站到首都机场仅需15分钟，到大兴机场和河北唐山只用半小时，到雄安新区和天津市滨海新区仅要1小时。截至2023年12月，城市副中心站综合交通枢纽的主体工程结构施工已完成85%，部分标段转入设备安装、二次结构阶段，最具标志性的船帆造型屋盖——铁路主站房西区的"京帆"屋盖已经基本成形。

---

① 　城市交换中心是一种融合了交通、商业、物流等多种城市公共服务的城市综合体。

第四章 绿水青山：
生态协同谱写绿色发展新篇章

生态协同是京津冀协同发展战略三个需率先突破的领域之一。良好的生态环境是实现京津冀区域可持续发展的重要支撑。京津冀生态协同治理体系的构建为三地共同推动环境治理、改善空气质量、保护水源水质、应对气候变化、提高区域环境质量提供了坚实基础，对提高区域生态资源配置效率，提升区域生态系统韧性，形成绿色、低碳、健康、宜居的生态发展格局具有重要意义。京津冀协同发展10年来，三地合力施策，以控污减排、扩容增绿为目标，擘画出空气常新、绿水长流的生态蓝图，在坚持"绿水青山就是金山银山"发展理念的同时，以生态分区管控、生态环境保护修复、生态环境监管监测为关键措施，优化生态发展格局，并以联防联控、法治深化、标准协同、生态保护为重点任务，完善京津冀生态协同体制机制，真正实现了生态本底不断夯实，生态质量稳步提升。

一、成绩斐然：生态治理效果显著，美丽生态实现共绘

生态环境治理是京津冀生态协同发展的重要基础和重点任务。京津冀协同发展10年来，三地以改善生态环境质量、加强生态环境保护为目标，坚持本地治污与区

域共治相协同，在各地积极施策的同时，凝聚"1+1+1>3"协同合力，同标同享、携手共进，加强生态环境治理联建联防联控，生态环境质量改善成效显著。

（一）各地施策显成效，减污扩绿齐推进

生态环境质量改善是生态环境治理的重要内容。统筹好污染减排"减法"和环境扩容"加法"是改善生态环境的关键，其中，深入开展减排控污、持续减少主要污染物排放总量有助于优化生态环境质量，扩大绿色生态空间有助于维护生态安全。京津冀三地以控污减排、扩容增绿为抓手，加快推进生态环境治理工作，取得了积极实效。

1.减排控污日益加强，空气常新渐成常态

减排控污是解决生态环境问题的治本之策，是实现区域空气质量持续改善的必由之路。10年来，京津冀三地坚持因地制宜、生态优先，基于各自环境状况与生态基础精准施策，主要污染物排放量逐年下降（见图4-1），空气质量明显改善。具体而言，北京聚焦细颗粒物（PM2.5）治理，通过建成大气PM2.5监测体系，为大气污染治理提供强大技术支撑，生态环境持续改善，全市主要污染物排放总量不断下降，PM2.5年平均浓度由2013年的90微克/立方米降至2022年的30微克/立方米，下降了66.67%，空气质量持续向好，已连续两年达到国家空气质量二级标准[①]。天津以深化燃煤、工业、扬尘、机动车和新建项目污染"五控"治理为抓手，综合运用经济、法律、技术和必要行政手段，实现大气主要污染物排放量大幅下降，2022年全市PM2.5年平均浓度降至37微克/立方米，较2013年的96微克/立方米下降61.46%，减排成效显著，空气质量稳步提升，生态环境明显改善。河北综合实施压能、减煤、治企、抑尘、控车、增绿等攻坚行动，严控"两高"行业新增产能，坚定不移调整产业结构，大力化解过剩产能、淘汰落后产能，减排工作取得突破性进展，全省

---

① 北京市自2013年起执行《环境空气质量标准》（GB 3095—2012），标准中PM2.5浓度二级标准限值为35微克/立方米。

PM2.5年平均浓度由2013年的108微克/立方米降至2022年的37微克/立方米，下降了65.74%，11个设区市历史上第一次全面退出全国重点城市空气质量后十名，空气质量显著改善。

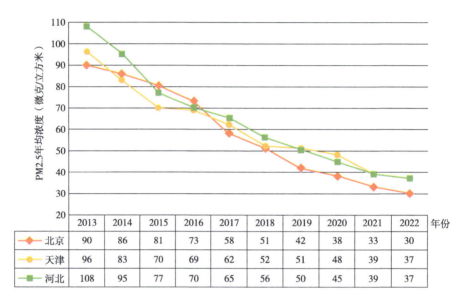

年份	2013	2014	2015	2016	2017	2018	2019	2020	2021	2022
北京	90	86	81	73	58	51	42	38	33	30
天津	96	83	70	69	62	52	51	48	39	37
河北	108	95	77	70	65	56	50	45	39	37

图4-1 京津冀三地年均PM2.5情况（2013—2022年）

数据来源：2013—2022年北京市生态环境状况公报、天津市生态环境状况公报、河北省生态环境状况公报。

2.扩容增绿持续推进，生态系统焕发新颜

2014年，习近平总书记就推动京津冀协同发展发表重要讲话强调，要着力扩大环境容量生态空间。扩容增绿有助于减少污染、增强碳汇能力，是保护和修复生态系统的重要举措。京津冀三地多措并举，持续拓展绿色空间，生态环境状况持续向好。

北京加快推进高质量绿化工程建设，绿色空间持续拓展，生态环境质量持续改善。北京坚持山水林田湖草沙系统治理的思路，大力实施平原区百万亩造林工程等绿化工程，环境容量逐渐扩大，生态环境持续改善。截至2022年底，北京累计增绿219万亩（约14.6万公顷），森林覆盖率和城市绿化覆盖率分别为44.8%、49.8%[①]，较2014年分别增加了3.8%、2.4%，城市绿地空间逐渐扩大。同时，北京栽下各类树木

---

① 资料来源：《北京市统计年鉴（2023）》。

1.03亿株①，新增森林树木的空气净化功能显著提升，每年能够消减空气PM2.5排放量26.76万吨，增加氧气供给195.77万吨，园林绿化释氧作用日益彰显，空气质量持续改善，森林环绕的生态城市轮廓日益显现。此外，森林固碳能力也不断提升，截至2022年底，全市林地绿地生态系统年碳汇能力达到880万吨，为北京率先打造"近零"碳排放城市提供了有利条件，北京生态环境状况持续向好。

天津积极推进"871"重大生态工程建设②，生态空间与生态环境质量实现双提升。天津积极推进城市绿化建设，通过打造一批见"缝"插绿的"口袋公园"等举措扩展城市生态空间，截至2022年，天津建成区绿地面积高达4.49万公顷，较2014年增加了1.96万公顷；建成区绿化覆盖率由2014年的34.93%增加至2022年的38.41%③，绿色空间逐步拓展，城市环境质量持续改善。此外，"津城"与"滨城"之间的绿色生态屏障蔚然成形，截至2021年11月，生态屏障区内新造林11.22万亩（约7 484公顷），一级管控区重点区域生态修复基本完成，森林绿化覆盖率已达25%以上，蓝绿空间达65%以上，区域生态空间总量有效提升；同时，10.57万亩（约7 050公顷）生态林纳入碳汇交易④，未来随着植被面积增加、树龄增长，碳汇量还将大幅提升，区域绿色优势、生态优势日益凸显。这种突破行政区划的生态建设，促使区域生态空间容量不断扩大，生态环境质量持续改善，实现了区域生态环境共建共享、协同提升。

河北大力实施绿色河北攻坚工程，生态环境质量持续优化。河北将造林绿化作为改善生态环境质量的基础工程，集中力量开展绿化攻坚，聚焦重点区域，抓好北方防沙带、雄安千年秀林、规模化林场等重点工程建设，推进国家草原自然公园和

---

① 资料来源：北青网（https://baijiahao.baidu.com/s?id=1774366305069683226&wfr=spider&for=pc）。
② "871"重大生态工程建设包括875平方公里湿地升级保护、736平方公里绿色生态屏障建设、153公里海岸线严格保护。
③ 资料来源：《天津市统计年鉴（2023）》。
④ 资料来源：天津市滨海新区人民政府（https://www.tjbh.gov.cn/contents/12166/525344.html）。

国有草场试点建设，于2022年完成营造林636.8万亩（约42.5万公顷）、退化草原治理44.6万亩（约2.9万公顷），全省森林面积达10 070万亩（约671.3万公顷），森林覆盖率由2014年的26.8%提高到2022年的35.6%[①]，燕赵大地绿色版图持续扩展，生态功能不断增强。此外，河北大力实施"三北"防护林建设工程，在工程中累计完成造林绿化4 087.5万亩（约272.5万公顷），森林蓄积量高达1.18亿立方米[②]，护卫京津的生态防护体系框架初步形成，绿色屏障不断巩固，生态环境得到明显改善，区域生态系统稳定性逐渐加强。

（二）三地协同聚合力，碧水蓝天共守护

2019年，习近平总书记在京津冀三地考察并主持召开京津冀协同发展座谈会时强调，要坚持绿水青山就是金山银山的理念，强化生态环境联建联防联治，持之以恒推进京津冀生态建设。牢记总书记殷殷嘱托，京津冀三地不断加强区域生态保护协同，围绕大气污染联防联控、水环境联保联治等重点领域，不断强化生态环境联建联防联治，推动生态环境保护走向深入，生态环境质量持续改善，京津冀生态安全屏障更加牢固、可持续发展动力更足。

1.大气联防联控不断强化，空气质量持续向好

大气联防联控是京津冀生态环保协同的优先领域。2018年，习近平总书记在全国生态环境保护大会上强调，要以空气质量明显改善为刚性要求，强化联防联控，基本消除重污染天气。空气质量改善是京津冀协同发展生态环保领域中率先突破的重要一环。京津冀三地联合搭建重污染天气应急联动机制、大气污染防治协作机制，共同实施打赢"蓝天保卫战"行动计划、清洁空气行动计划，通过加速落后产能淘汰，推动产业结构调整优化，严格控制机动车、燃煤和扬尘等重要污染源，大力推广清洁取暖等措施，使区域空气质量显著改善。10年来，京津冀三地PM2.5年平均

---

① 资料来源：廊坊市人民政府（https://www.lf.gov.cn/Item/128378.aspx）。
② 资料来源：围场融媒（https://mp.weixin.qq.com/s/9Td9Bfeyws9A4IqwUEUEBg）。

浓度逐年下降（见图4-2），在2021年首次步入"30+"阶段，并于2022年继续下降至37微克/立方米[①]，较2013年的107微克/立方米下降了65.1%[②]，大气治理成效显著，区域空气质量全面提升。此外，2014年，京津冀区域中有8个城市被列入"中国空气最差10城"名单，而截至2023年，京津冀区域不仅无一城市上榜，河北张家口还入列全国空气质量最佳前10名单，北京入列最佳前20名单，区域大气联防联控成效显著，京津冀交上大气治理优异答卷。

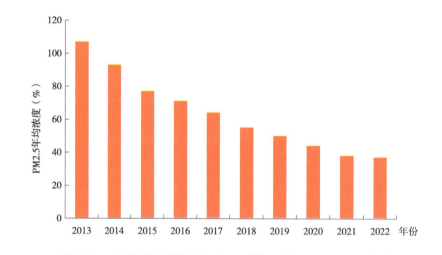

图4-2　京津冀区域年均PM2.5情况（2013—2022年）

数据来源：中国生态环境部、新华社、北京日报等网站。

2.水环境联保共治持续深化，碧水清流愈发澄澈

水环境联保共治是生态环境保护的重中之重。2018年，习近平总书记在全国生态环境保护大会上强调，要深入实施水污染防治行动计划，保障饮用水安全，基本消灭城市黑臭水体。京津冀地区坚持水资源、水环境、水生态"三水统筹"，将水污染上下游联治作为生态环保协同的优先领域，加快建立京津冀水环境联保共治机制，

---

① 资料来源：北京日报（https://baijiahao.baidu.com/s?id=1764100281342902766&wfr=spider&for=pc）。
② 资料来源：北京日报（https://news.bjd.com.cn/2023/04/25/10410500.shtml）。

推动水环境质量持续改善。

第一，黑臭水体全面消除，水质持续向好。京津冀地区坚持打好城市黑臭水体治理攻坚战，截至2023年，三地黑臭水体基本消除，其中，北京城市黑臭水体率先消除，天津、河北两地城市建成区黑臭水体基本消除。此外，京津冀协同推进水生态改善，地表水水质持续提升，三地国家地表水考核断面水质优良（Ⅰ～Ⅲ类）比例均动态达到"十四五"国家目标要求，且全面清除劣Ⅴ类断面[①]，水环境联保共治成效显著。

第二，饮用水安全保障能力全面提升。京津冀三地不断健全流域生态补偿机制，实施水污染治理、水环境整治、水生态修复等工程，攻克了长期难以解决的潘家口、大黑汀水库网箱养鱼问题，影响供水安全的最大污染源得以清除，引滦入津水质实现持续改善。截至2022年，北京的密云水库、天津的于桥水库、河北的大黑汀水库和潘家口水库的水质已稳定达到饮用水源地水质要求，区域饮用水安全得到充分保障。

第三，重点河流协同治理持续深化。京津冀三地围绕12条入海河流，实施"一河一策"，开展"查—测—溯—治—罚"专项行动，加强上下游地区的联合监测、信息沟通、联防联控，跨界河流入境水质不断提升，12条河流入海断面水质从以往的全部为劣到2020年全部消劣，2021年进一步达到总体Ⅳ类，近岸海域优良水质占比从8.5%提高到71.7%，充分体现了上下游协同治理的成效，水生态环境持续向好。

二、凝心聚力：生态格局翻新转变，重难问题逐个击破

京津冀地区是我国北方人居环境重要保障区，也是华北平原和环渤海地区的重要生态屏障区，具有防风固沙、水源涵养和水土保持的重要功能。生态格局是一种相对稳定的生态系统结构，其建立与完善能够有效促进区域生态资源管理与保护，实现人与自然的和谐共生。10年来，京津冀一直秉持"绿色发展"理念，依托燕山和太行山两座天然生态屏障，重点开展了包含生态涵养区、环境支撑区建设在内的

[①]　资料来源：河北省生态环境厅（https://hbepb.hebei.gov.cn/hbhjt/xwzx/meitibobao/101665709134807.html）。

一系列功能区建设，并通过生态环境修复、生态环境检测等生态治理措施与重大工程项目，有效推进了区域植被修复和水土流失防治，充分发挥了水源涵养、水土保持作用，对实现区域生态高质量发展具有重要意义。

（一）强化生态分区管控，厚植生态治理"发展底色"

京津冀协同发展战略实施以来，三地严格按照《全国主体功能区规划》《全国生态功能区划（修编版）》等文件，将生态功能极重要、生态极敏感/脆弱区域和禁止开发区域纳入生态保护红线，并对其实施强制性保护；将生态保护红线之外的生态保护重要地区划为生态涵养区、生态环境支撑区、重要湿地保护区等重要区块，针对不同区块的经济社会发展和生态环境特征，实施差异化的生态保护对策，引导区域开发与建设①。

生态涵养区建设进程加快，生态保护和绿色发展效率逐步提升。生态涵养区作为城市的"大氧吧"和"后花园"，是提升区域绿色GDP、实现更高质量发展的关键。2018年11月，北京出台《关于推动生态涵养区生态保护和绿色发展的实施意见》《北京市生态涵养区生态保护和绿色发展条例》，明确将门头沟区、平谷区、怀柔区、密云区、延庆区以及昌平区和房山区的山区部分在内的7区设置为生态涵养区②，土地总面积为11 259.3平方公里，占全市面积达68%。随着京津冀生态协同的进一步发展，津冀两地坚持生态涵养区定位，推进与京津冀地区周边县市的错位融合发展，逐步将天津市蓟州区③、河北省燕山－太行山山地（包括张家口、承德、唐山等65个县、市、区全部或部分区域）④等纳入京津冀生态涵养区建设中，各生态涵养区主体

---

① 资料来源：河北省自然资源厅（https://zrzy.hebei.gov.cn/heb/gongk/gkml/kjxx/kjfz/101512699710646.html）。
② 资料来源：中华人民共和国中央人民政府（https://www.gov.cn/xinwen/2018-11/05/content_5337667.htm）。
③ 2023年，蓟州全区林木绿化率达到53.5%，北部山区高达81%。
④ 资料来源：涉县广播电视台（https://mp.weixin.qq.com/s?__biz=MzAwNzIwOTEyOQ==&mid=2649218551&idx=3&sn=e9be4903debdda9a6aea8a2e8bc1792f&chksm=8312d431b4655d274a99db45d1c66e898f07d5892a545c6de4b397e66737d9ab4d6403d80f70&scene=27）。

生态功能及产业发展方向见表4-1。京津冀生态涵养区的建设为新型工业化、新型城镇化统筹推进以及首都产业转移承接奠定了坚实基础。

表4-1 京津冀生态涵养区主体生态功能及产业发展方向

省（直辖市）	地区	主体生态功能	产业发展方向
北京市	门头沟区	把浅山区建成第一道生态屏障	保护利用历史村落资源，打造京西古道品牌，推动户外运动产业和文化旅游康养发展
	平谷区	水清、岸绿、安全、宜人	以筹办2020年世界休闲大会为契机，推动特色休闲旅游产业发展
	怀柔区	超前谋划国际交往中心功能	抓住雁栖湖国际会都、怀柔科学城建设的重要机遇，推动以绿色创新为引领的高端科技文化产业发展
	密云区	密云水库"生命之水"建设	将保水作为首要任务，助力怀柔科学城建设，推动旅游休闲产业与特色农业的融合发展
	延庆区	绿色发展、绿色富民、绿色办奥	以筹办2019年北京世园会、2022年北京冬奥会为抓手，推动园艺产业和冰雪运动产业的发展
	昌平区	生态保护、绿色发展	统筹历史文化和生态农业资源，推动文化旅游和生态休闲产业发展
	房山区	生态优先、绿色发展	将历史文化与地质遗迹资源深入融合，大力发展国际旅游休闲产业
天津市	蓟州区	水源涵养、水土保持、防风固沙、生物多样性维护	优化南蔬菜、北休闲、东生态、西苗木产业布局，着力构建集优势产业、优质产品、优良生态于一体的现代都市型农业产业体系
河北省	燕山-太行山山地	涵养水源、保持水土、生态休闲	利用太行山、燕山岗坡山地资源优势，推广生态栽培、仿野生栽培，打造提升连翘、酸枣、北苍术等道地药材[①]标准化生产基地

资料来源：作者整理。

生态环境支撑区建设愈加完善，京津冀区域生态质量逐步优化。《京津冀协同发

---

① 道地药材是指采自某一地域内的原产地、产区或特定生境中的中药材，受一定的地理环境、气候条件、土壤状况等自然因素，以及人工种植、管理、采收等人文因素共同作用的特殊品种。

展规划纲要》提出要将河北构建成为"三区一基地"①，其中京津冀生态环境支撑区建设是河北发展的重要战略目标之一。京津冀生态支撑区建设有利于优化京津冀区域生态优先、绿色发展的政策环境，为全面提升生态环境协同支撑能力提供坚实基础。京津冀协同发展战略实施以来，河北通过主动对接、深入合作，协同治污、联防联控，在京津冀协同发展生态环境保护领域取得了重大突破，京津冀生态环境支撑区建设进一步完善。除《河北省建设京津冀生态环境支撑区"十四五"规划》《张家口首都水源涵养功能区和生态环境支撑区建设规划（2019—2035年）》等一系列文件印发外，截至2022年6月，京津冀共推进实施8大类、52项重点工程项目来推进生态环境支撑区建设，实现了生态环境监测"水陆空"立体覆盖，有效推动了京津冀生态协同发展②。

湿地保护有序推进，生态平衡有序维护。湿地是天然的水源涵养区，具有吸收、储存和释放水分的功能。湿地保护不仅有利于区域水资源调控，维护区域内水资源平衡，确保水源可持续供应，还有利于维护生物多样性、保护濒危物种，对维持区域内生态平衡、实现三地生态系统协同发展具有重要意义。京津冀协同发展以来，三地相继出台《北京市湿地保护条例》《天津市湿地保护条例》《河北省湿地保护条例》等文件，为京津冀湿地保护提供了政策支撑。截至2022年底，京津冀共有73处市级重要湿地，其中北京47处，面积达6.21万公顷，自然分布的陆生野生动物物种有596种，其中鸟类503种；天津14处，面积为29.56万公顷，监测记录的陆生野生动物物种有521种；河北湿地面积为14.3万公顷③，包括森林沼泽、灌丛沼泽、沼泽草地、沿海滩涂、内陆滩涂、沼泽地6个湿地类型④。京津冀通过对重要湿地的保护，有效实现了对区域生态平衡的维护，提升了区域可持续发展水平，为创造健康、宜居

---

① 全国现代商贸物流重要基地、产业转型升级试验区、新型城镇化与城乡统筹示范区、京津冀生态环境支撑区。
② 资料来源：北京日报（https://baijiahao.baidu.com/s?id=1734520468219557690&wfr=spider&for=pc）。
③ 资料来源：北青网（https://baijiahao.baidu.com/s?id=1749159804736735482&wfr=spider&for=pc）。
④ 资料来源：国家林业和草业局（https://www.forestry.gov.cn/main/586/20221005/083003371367744.html）。

的生态环境创造了条件。

（二）提升生态修复效率，着力守护区域"青山绿水"

京津冀地区属于《全国重要生态系统保护和修复重大工程总体规划（2021—2035年）》"三区四带"中的"北方防沙带"和"海岸带"，是亟须加快生态修复的重点区域之一。京津冀协同发展生态保护和修复工程，是需要跨区合作、形成区域联动的一项综合性工程，是三地共同应对生态环境问题的关键举措，对强化生态环境联建联防联治、持续拓展蓝绿生态空间、缩小区域内生态质量梯度具有重要意义。

京津冀地区山同脉、水同源，同处一个生态系统，是生态和经济共同体。京津冀协同开展的山水林田湖草沙一体化保护与修复，有效破解了制约京津冀生态环境质量改善的深层次问题，对我国北方地区防沙治沙、保障北方生态安全、改善全国生态环境质量意义重大，对优化京津冀国土空间开发保护、区域水资源统一调配和利用、推动京津冀协同绿色高质量发展至关重要。10年来，京津冀不断统筹推进"六河五湖"生态修复，先后制定印发了《京津冀协同发展六河五湖综合治理与生态修复总体方案》《永定河综合治理与生态修复总体方案》《加快推进永定河流域治理管理现代化工作方案》等一系列生态修复方案文件，并在此基础上不断推进京津冀生态保护红线划定，加速生态恢复和环境改善。截至2022年底，京津冀三地共划定红线4.62万平方公里，完成植树造林2 200万亩（约146.7万公顷）以上，共建立自然保护区73个，总面积93.62万公顷①，森林、草原、湿地等生态资源得到有效保护、区域风沙危害有效遏制，区域生态修复成效显著。此外，河北作为山水林田湖生态保护修复的重点区域，按照"一线""一弧""两水系"的总体布局编制了《国家山水林田湖生态保护修复河北省试点实施方案》，积极谋划，努力打造绿色奥运廊道、环首都生态安全屏障、永定河潮白河水源涵养功能区和坝上防风固沙区，助力京津冀生态修复和生态环境好转②。

（三）强化生态环境监测，共奏协同治理"和谐乐章"

区域生态环境监测的意义在于提供科学依据、实现全面监测，促进跨区域合作。科学适时地开展区域生态环境监测，能够实时获得环境数据，把握生态环境变化趋势，有效协同治理大气、水质、土壤等环境问题，促进生态恢复、防控污染，保障区域生态安全。在京津冀生态协同发展的推动下，三地不断强化生态环境监测。北京印发《北京市生态环境监测网络建设方案》，指出要完善大气、水、土壤监测网络及污染源监测体系，持续完善大气PM2.5检测体系中的污染源解析技术，为开展污染物溯源与组分解析提供了科学支撑；天津建立了生态环境监测中心，实现了各类环境数据及时获取与周边地区环境质量监测评估，截至2023年6月，该监测中心已具备对首批14类重点管控新污染物③的测试能力；河北则建立了山水林田湖草沙生态环境大数据中心，构建了包括环境监测、联合溯源、监控预警等生态环境信息平台在内的"点—线—面—体"生态环境网格化立体监测系统，实现了生态环境数据"一本账、一张网"。生态环境质量监测体系的建设，为京津冀三地生态一体化发展奠定了坚实的基础。此外，京津冀正逐步探索对跨界污染、生态系统保护等挑战的应对

---

① 资料来源：中华人民共和国生态环境部（https://www.mee.gov.cn/ywgz/zcghtjdd/sthjzc/202211/t20221110_1004422.shtml）。
② 资料来源：河北省生态环境厅（https://hbepb.hebei.gov.cn/hbhjt/wap/）。
③ 参见《重点管控新污染物清单（2023年版）》，明确了全氟辛基磺酸及其盐类和全氟辛基磺酰氟、全氟辛酸及其盐类和相关化合物、十溴二苯醚等14种类重点管控新污染物及其禁止、限制、限排等环境风险管控措施。

方案，在未来，三地能进一步实现资源共享、协同发展，共同构建出更为健康、可持续的区域生态格局。

案例4-1　多措并举助力永定河焕发新生机

永定河是北京的母亲河，也是京津冀区域重要水源涵养区、生态屏障和生态廊道。永定河平原南段起点为宛平湖末端，终点为市界崔指挥营，中间跨越了丰台区、房山区和大兴区，全长约61公里。截至2023年12月31日，永定河实现全年全线有水，这也是永定河自1996年断流以来首次实现全年全线有水，标志着永定河水量调度工作取得突破性进展。永定河流域综合治理与生态修复进程中有以下几大特色亮点：

（1）突出自然修复和生态保护。一是打通生态补水通道，通过改善生态基流，为河道生态系统自然修复创造条件；二是加强河道空间管控，按照永定河生态功能定位，科学划定管理范围以及生态保护红线；三是创新实施生态补水，按照"以水开路、用水引路"的工作思路，统筹推进万家寨引黄、永定河上游集中输水和境内永定河生态补水。

（2）加强上下游、左右岸统筹衔接。一是结合水资源配置，统筹做好平原南段下游29公里京冀界河治理，实现上下游和左右岸水面、岸坡、绿化之间相互衔接；二是将绿道与周边道路的连通性作为重点内容，不仅要满足河道供人游览的目标，还要保障河道维护和安全疏散的需求，推动河道与城市空间的融合程度不断提升。

（3）强化流域统一管理。建立健全永定河流域四级河长体系，构建责任明确、协调有序、监管严格、保护有力的河湖管理保护机制，实现流域水资源统一调度管理。

（4）推进公司化运作模式。按照"区域协同、政府引导、明晰权责、市场运作"原则，2018年6月，北京、天津、河北和山西四地人民政府与中国交通建设集团有限公司共同出资，成立永定河流域投资公司，为永定河流域的综合治理与生态修复项目的总体实施和投融资运作提供统筹规划，注重发挥公司建设主体、协调调水、运营养护、资金统筹管理等职能。

（资料来源：京津冀大格局栏目，2018年9月12日，《解析京津冀"水蓝图"》；中共北京市委北京市人民政府推进京津冀协同发展领导小组办公室《京津冀协同发展制度创新成果汇编》《京津冀协同发展亮点项目建设案例图册》。）

三、开荒拓土：体制机制推陈出新，联防联治扎实有效

完善的体制机制是京津冀生态协同发展顺利推进的基础保障。2019年，习近平总书记在北京召开京津冀协同发展座谈会时强调，要破除制约协同发展的行政壁垒和机制体制障碍，构建促进协同发展、高质量发展的制度保障。10年来，京津冀三地生态环境部门不断建立健全协同机制，积极推进统一立法、联动执法、统一标准、协同治污，促使跨区域联防联控机制日趋成熟，法制政策与标准协同持续深化，生态补偿机制日益完善，推动空气常新、水流常清的美丽画卷在京津冀铺展开来。

（一）联建联防联治机制日益完善，生态环境保护工作走深走实

完善的联防联控顶层设计是推进京津冀生态环境保护的重要指引，有助于三地明确生态治理方向，更为高效、精准地开展联防联控工作。京津冀生态环境保护协同工作开展以来，三地加强合作、共同发力，持续完善顶层设计，大气联防联控机制、水环境联保联治机制不断强化，合作基础日益坚实，生态环境保护工作持续走深走实。

1.联防联控顶层设计日趋完善

10年来，京津冀地区结合不同阶段生态环境形势，持续更新、完善生态环境协同发展机制，为深入推进生态环境联防联控提供指引。2022年6月21日，京津冀三地生态环境部门共同召开京津冀生态环境联建联防联治工作协调小组工作会议，并联合签署《"十四五"时期京津冀生态环境联建联防联治合作框架协议》，三地正式搭建起生态环境联建联防联治常态化机制，结合"十四五"时期生态环境保护新形势新要求，增加了绿色低碳协同发展等相关内容，围绕大气污染联防联控、水环境联保联治、危险废物处置区域合作、绿色低碳协同发展、生态环境执法和应急联动、完善组织协调机制等六大方面，进一步深化三地协同内容，协同领域不断拓宽、协同深度持续延伸，为京津冀地方层面落地实施提供了重要指导，有效推动区域生态

环保协同水平再上新台阶，区域生态环境质量持续改善。此外，京津冀三地生态环境部门每年均联合确定年度重点任务措施，为三地协同治理工作提供具体指引，2023年6月，京津冀生态环境联建联防联治工作协调小组会议公布24项协同合作措施清单，确定了10个协同事项、24条具体措施，生态环境联防联控联治机制不断健全，三地生态协作着力点愈发明确，联防联控日益走深走实，生态环境治理成效逐渐显现。

2. 大气联防联控机制不断深化

大气污染防治协作机制日益完善，大气治理工作有序推进。京津冀协同发展10年来，三地不断打破行政区划限制，逐渐完善大气污染治理协作机制。2013年底，京津冀大气污染防治协作小组初步成立，建立了京津冀及周边地区大气污染防治协作机制。在此基础上，国家于2018年成立京津冀及周边地区大气污染防治领导小组，为区域大气污染治理重点工作有效推进提供指引，区域生态环境保护工作整体效能逐步提升，推进污染防治攻坚的力度更为强劲，大气联防联控成效日益显著。

空气重污染应急联动机制持续强化。2013年，京津冀地区首次构建区域性重污染天气应急响应机制，三地建立健全区域、省、市联动的应急响应体系，实行联防联控。此后，京津冀三地将重污染天气预警分级标准进行统一，并持续完善应急预案及减排措施，由环保部统一调度，及时启动空气重污染预警，实施空气重污染应急措施。2017年，京津冀大气污染防治联防联控会商中心初步建成，会商机制初步建立。会商中心的建成使用实现了天津与北京、河北大气污染防治联防联控的监测预警、预警分级标准的统一；会商机制的建立最大限度地集中了京津冀及周边地区预报资源和优势，兼顾局部与整体，更好地服务于区域空气质量监测预报工作，提高了区域监测预报的准确性和精准度，为三地空气质量保障、大气污染联防联控联治提供了重要技术支持和决策参考，促使三地减排措施更加精准，应急管控更加有力，空气质量持续改善。

3.水环境联保联治机制日益健全

　　加快建立京津冀水资源保护与水环境联保联治机制，切实改善水环境质量，是三地协同高质量发展的重要举措。2014年，京津冀三地生态环境保护部门共同签署《京津冀水污染突发事件联防联控机制合作协议》（以下简称《合作协议》），重点流域水污染联防联控工作机制初步建立。10年来，京津冀三地生态环境应急部门在《合作协议》框架下，不断深化区域水污染突发事件应急联动机制，每年召开联席工作会议，确定年度工作方案，通过联合环境隐患排查和联合演练等方式开展三地环境应急联动工作，为跨界突发环境事件的妥善处置奠定了坚实基础，京津冀三地省、市两级应急联动机制不断完善，跨省界河流上下游应急力量快速响应、应急监测、应急处置能力不断提升，水环境联保联治逐渐走深走实，水环境质量全面提升。

（二）法制政策与标准协同持续深化，生态环境跨区域治理基础日益夯实

京津冀协同发展10年来，三地着力打破区域行政壁垒，加快推进统一立法、联合执法，不断筑牢生态环境跨区域治理的法治屏障，积极推动标准的紧密衔接，促进生态环境跨区域协同治理效果持续提升。

1.统一立法实现重大突破

三地协同立法有利于建立和完善跨区域的协作制度、落实责任，有效实现联防联控。2019年，机动车污染防治条例成为京津冀首个重点协同立法项目，三地积极探索协同起草、同步审议，最大限度推进立法内容和文本协同，区域机动车和非道路移动机械等领域污染防治工作有序推进。2020年，京津冀区域协同立法工作取得了重大突破，诞生全国首部区域协同立法——《机动车和非道路移动机械排放污染防治条例》，三地明确将建立机动车和非道路移动机械排放污染联合防治协调机制，以统一规划、统一标准、统一监测、统一防治为原则联合开展防治工作，为生态环境跨区域治理提供了坚实保障，跨区域生态协同治理效果日益彰显。

2.联合执法不断迈向纵深

深化执法联动机制是打赢污染防治攻坚战的关键。2015年，京津冀三地环保部门首次召开"京津冀环境执法与环境应急联动工作机制联席会议"，正式启动京津冀环境执法联动工作机制。10年来，三地定期会商研究，创新机制方法，建立了相邻地区市、县生态环境执法联合工作机制，实现了"联动执法"向"联合执法"的转变，成效显著。一是执法联动机制不断下沉。2019年，三地联合印发《关于进一步加强京津冀交界地区生态环境执法联动工作的通知》，在省（市）级联动基础上，各相邻县区市分别建立联防联控工作机制，进一步加大交界地区执法力度，快速解决交界处和三地共同关注的环境违法问题。截至2023年，北京与津冀相邻的所有区县均完成联动执法下沉工作，各区县实现一地吹哨、三地响应，全面开展联合执法工作，共同打击交界地区生态环境违法行为，为生态环境联防联控奠定了良好基础。

二是联合执法持续深化，力度不断加强。自正式建立京津冀环境执法联动工作机制以来，三地依托"执法联席会"，从定期会商、联合检查、联合督查、联动执法、信息共享等重点方面共同推进联合执法。2023年，京津冀生态环境执法联动工作领导小组制定《2023—2024年京津冀生态环境联合联动执法工作方案》，安排部署此期间京津冀生态环境执法的重点工作内容，明确将围绕大气、水、固体废物、移动源、打击第三方环保服务机构违法等重点领域开展联合执法，为生态环境联防联控联治提供了全方位支持，京津冀生态环境不断优化。

3. 统一标准稳步推进

10年来，京津冀三地着力打破区域行政壁垒，坚持"一把尺子量到底"，持续推进区域统一标准制定，为生态协作奠定良好基础，促进生态环境跨区域协同治理效果不断提升。2017年，京津冀联合发布《建筑类涂料与胶粘剂挥发性有机化合物含量限值标准》，严格管控建筑类涂料与胶粘剂生产、销售、使用的全过程，推动挥发性有机物排放量有效降低，改善了区域环境质量。此外，针对大气联防联控，京津冀三地统一空气重污染应急预警分级标准，有效解决了各地预警级别不统一导致的跨区域协调治理效果不佳问题，为京津冀共同应对区域空气重污染问题、采取减排措施提供良好基础，区域空气重污染过程"削峰降速"效果显著。

（三）生态保护补偿长效机制加快构建，生态协作机制日益完善

自京津冀协同发展战略实施以来，三地不断深化生态保护补偿制度改革，健全区际利益补偿机制，基本形成受益者付费、保护者获偿良性互动局面，使京津冀绿水青山底色更重、亮色更显、成色更足。

一是生态补偿合作逐步推进。2016年，津冀签订《关于引滦入津上下游横向生态补偿的协议》，引滦入津工程上下游横向生态补偿机制正式建立，解决了上下游水环境问题，促进了水环境治理、水生态修复及水资源保护，既为上游承德、唐山两市带来收益，也有力保障了天津用水安全。截至2023年初，承德、唐山两市累

计获得省以上和天津市生态补偿金27亿元[①]。此后，京冀也携手保上游好水，送下游清水，先后签订《密云水库上游潮白河流域水源涵养区横向生态保护补偿协议》《官厅水库上游永定河流域水源保护横向生态补偿协议》，从而实现京津水源上游流域生态补偿全覆盖，标志着京津冀流域生态环境治理保护工作迈进新阶段。二是生态补偿方式日益多元。生态补偿机制是实施生态环境保护的重要手段，也是搭建生态文明制度体系的关键内容。10年来，京津冀积极探索多种生态补偿方式，如以中央直接生态补偿资金、横向补偿资金、产业建设和生态奖补等为主要内容的经济补偿方式，以人才培养、技术设备支持等为主要内容的技术补偿等。日益多元的生态补偿方式有效推动生态环境修复工作全面开展，生态系统稳定性不断增强。

案例4-2 密云水库上游横向生态保护补偿机制

密云水库是以防洪供水为主功能、多年调节的大型水利枢纽，是首都最重要的地表饮用水源地，其上游的潮白河流域水源涵养区是京津冀水源涵养功能区的重要组成部分。密云水库上游横向生态保护补偿机制有以下几大亮点：

一是拓展了水源地生态保护补偿的内涵。流域生态补偿的考核依据通常为跨境考核断面的水质情况，密云水库打破常规，将考核依据确立为水量、水质、上游行为管控三大方面。二是采取考核与激励相结合的方式。根据补偿协议，北京市结合流域污染治理工作成效，对河北省承德市、张家口市5个县进行奖励；在水质考核方面，增加了总氮指标，依据总氮下降幅度给予奖励；在水量考核方面，以2000年以来平均入境水量为基础，实行多来水、多奖励的机制。三是在协同水源保护方面由单纯项目支持改为综合政策支持。北京推动生态补偿资金稳步落实，补偿方式日益多元化，技术和人才援助力度不断加强。河北制定生态补偿资金管理办法，编制潮白河流域水污染防

---

① 资料来源：中华人民共和国国家发展和改革委员会（https://www.ndrc.gov.cn/fggz/dqzx/stthdqzl/202303/t20230314_1350937.html）。

治和水资源保护与利用总体实施方案，加强上游地区环境行为管控、水污染防治和水生态修复。在签订补偿协议后，此前的具体项目支持转向补偿政策支持，赋予张家口、承德两市及沽源、赤城、丰宁、滦平、兴隆五县更大的自主权，推动上游地区统筹水环境治理、水生态修复及水资源保护等工作。

（资料来源：京津冀大格局栏目，2018年9月12日，《解析京津冀"水蓝图"》；中共北京市委北京市人民政府推进京津冀协同发展领导小组办公室《京津冀协同发展制度创新成果汇编》。）

第五章　发展脊梁：
产业谋变重塑协同骨架

产业协同是京津冀协同发展战略三个需率先突破的领域之一。推动产业协同发展是落实京津冀协同发展的重要战略组成部分，是优化区域经济结构和空间结构的重要内容。产业协同发展是实现京津冀优势互补、促进环渤海经济区发展、带动北方腹地发展的战略需要，更是落实我国构建"双循环"新发展格局的必然要求。10年来，京津冀产业协同发展一直以加快推进产业对接协作，形成区域间产业合理分布和上下游联动机制，深化京津冀产业政策衔接和园区共建，产业链创新链深度融合，建立现代化产业体系为目标，逐步形成了"北京研发、津冀转化"的空间布局，在产业结构调整转移、区域产业融合升级、以创新链引领产业链、共建上下游衔接的产业链和供应链体系等方面均取得了显著成效。

一、新方式：加速区域产业转移承接，实现京津冀产业结构优化

10年来，京津冀逐步构建起了以北京城市副中心和河北雄安新区为集中承载地，以曹妃甸协同发展示范区、北京新机场临空经济区、天津滨海新区、张承生态功能

区等为四大战略合作功能区，以一批高水平协同创新平台和专业化产业合作平台为承接载体的"2+4+N"产业合作格局，在产业精准化转移、产业集聚化承接以及园区专业化建设等方面均取得了显著成效。三地围绕产业链布局，搭建精准对接交流平台，产业发展活力持续增强，区域协作水平持续提升。

（一）区域比较优势充分发挥，产业协同呈现新格局

京津冀协同发展的一大重点是深化区域特色产业协同，通过发挥三地比较优势和市场需求，实现资源优化配置。京津冀三地根据自身资源和区位优势，明确了各自产业定位。北京作为国家首都、国际城市和文化名城，侧重于发展服务业、高科技产业和文化产业，可以为津冀两地制造业发展提供技术支持和服务保障；天津作为国际港口城市、北方经济中心，重点发展港口经济、制造业和现代服务业，为京冀提供物流和产业配套服务；河北作为原材料重化工基地和现代化农业基地，承担了京津高技术产业和先进制造业的研发转化及加工配套任务，是京津高技术产业和先进制造业研发转化及加工配套基地。京津冀三地通过产业链互补，能够有效实现区域间产业协同发展。

1.北京：新兴产业战略高地，发挥创新研发优势

北京拥有众多高校、科研院所和高新技术企业，在人工智能、量子信息、生物科技等前沿领域取得了一系列重要突破，为京津冀产业协同发展提供了创新动力和技术支持。北京对科技创新和产业合作平台的搭建，能够有效促进京津冀地区企业、高校、科研院所等创新主体的交流与合作，共享创新资源，降低创新成本。

北京作为新兴产业战略高地，正在通过政策扶持、资金支持等手段，按照四个层次梯度推进"2441"高精尖产业体系构建。2014年以来，北京科技、商务、文化等高精尖产业新设市场主体占比由40%提升至2022年的65.6%，北京高精尖产业增加值占GDP比重已达到30.1%[①]。北京对具有创新能力的高新技术企业的培育，能够为

---

① 资料来源：北京日报（https://beijing.qianlong.com/2023/0522/8033807.shtml）。

推动区域产业结构调整和升级提供坚实基础。具体而言，"2441"高精尖产业体系包括以下几个部分。

一是做大两个国际引领支柱产业，即新一代信息技术产业和医药健康产业。新一代信息技术产业的发展有助于推动京津冀区域技术创新和产业结构升级，为其他产业提供技术支持；而医药健康产业能够有效提高京津冀区域健康水平，促进生物医疗产业链协同发展。

二是做强四个特色优势的"北京智造"产业，即集成电路产业、智能网联汽车产业、智能制造与装备产业以及绿色能源与节能环保产业。"北京智造"产业集中于智能制造、绿色制造、服务制造，通过关键技术突破和前沿技术应用，为京津冀乃至全国产业发展提供了技术引领，其深入发展推动了京津冀地区传统制造业向高附加值、高技术含量产业转型，实现京津冀产业协同发展智能化、绿色化发展。"北京智造"产业对产业链水平的提升是为区域经济发展注入新活力的关键。

三是优化四个创新链接的"北京服务"产业，即区块链与先进计算、科技服务业、智慧城市产业、信息内容消费业。"北京服务"产业能够以市场主体需求为导向，从设施完善、信息互通、技术研发、成果转化等方面为京津冀产业协同发展提供配套服务，在改善营商环境的同时提升京津冀产业竞争力。

四是抢先布局一批未来前沿产业。北京正在瞄准国际前沿，超前部署一批具有深远影响，能够改变科技、经济、社会、生态格局的颠覆性产业。未来前沿产业的发展能够有效推动京津冀区域科技创新发展，在为区域发展培育新经济增长点、抢占产业发展制高点的同时，为高精尖产业持续发展培育后备梯队。

2. 天津：先进制造研发基地，发挥产业区位优势

天津作为我国最早的沿海开放城市之一，工业基础雄厚，产业优势及区位优势突出，是我国工业体系最完备的城市之一。天津作为我国先进制造研发基地，在京津冀产业转移承接过程中，无论在地理区位、产业体系还是政策支持方面都具有极

强的优势。

在地理区位方面，天津地处京津冀地区的中心位置，拥有便捷的海、陆、空交通网络。作为环渤海地区经济中心，天津紧邻北京，距离雄安新区仅140公里，这使得天津在承接产业转移时，可以充分利用京津冀地区的产业资源、人才资源和市场资源，实现快速发展。此外，天津拥有中国北方最大的世界级港口——天津港，是我国北方最重要的海上门户，天津港海运能力强，辐射范围广，为天津产业发展提供了良好的物流条件，降低了企业运输成本。

在产业体系方面，天津能够通过支柱产业、优势产业和新兴产业协同，提升产业承接能力，提高京津冀地区产业附加值和产业竞争力。天津作为我国先进的制造研发基地，其"智能科技产业+生物医药、新能源、新材料三大新兴产业+航空航天、高端装备、汽车、石油石化四大优势产业"的"1+3+4"产业体系，体现了天津极强的产业发展基础与产业配套能力。天津产业布局合理，产业链完整且协同高效，

能够进一步通过引进高端项目、培育优质企业等方式，引导产业链向高端发展，提升产业链整体水平，强化自身辐射带动作用与产业承接作用。

在政策支持方面，天津依托滨海新区、自贸试验区，享有国家政策扶持。近年来，政府部门出台了诸如《天津市制造强市建设三年行动计划》（津政办发〔2021〕3号）、《中国（天津）自由贸易试验区发展"十四五"规划》（津自贸发〔2021〕10号）、《关于支持"滨城"建设的若干政策措施》（津政发〔2022〕11号）等一系列政策文件，这些政策优势为天津的产业承接提供了良好的政策环境，不仅有利于推动当地产业高质量发展，还有利于吸引国内外企业投资，为天津在产业承接过程中提供有力的支持。

3. 河北：产业转型升级试验区，发挥产业基础优势

《河北省制造业高质量发展"十四五"规划》提出，"河北省要积极承接北京非首都功能疏解，全面落实'三区一基地'定位，推进产业链创新链供应链深度融合"。京津冀协同发展10年来，河北利用自身优势，不断优化营商环境，通过提升重点承接平台承载能力，为京津产业转移承接提供了可行性。

河北生产资源充足，产业转移承接基础扎实。生产资源充足与否是影响产业转移承接效率的关键因素之一，生产资料配置效率直接关系到产业转移的稳定运行和可持续发展。河北矿产资源丰富，农业发达，劳动力成本低廉，同时土地资源丰富，地势平坦，在很大程度上与京津产业发展起到了显著的互补作用。河北为企业和项目的实施落地提供了良好条件，其对产业的转移承接能够很好地降低企业生产成本，提升企业竞争力。

河北产业基础良好，产业转移承接现实有效。河北优势产业众多，在化工、建材、钢铁、装备制造等产业领域均具有良好的发展基础。近年来，河北各市围绕功能定位，秉承"坚决去、主动调、加快转"的产业转型升级思想，明确主导产业、主攻领域，建立了多个具有地域特色的产业集群。据统计，截至2023年11月，河北

有县域特色产业集群333个，其中22个集群产品国内市场占有率超50%^①，为产业转移承接奠定了坚实的基础。

河北市场空间广阔，产业承接转移不断深化。河北作为人口大省，市场需求巨大，加之科学技术和消费水平不断升级，新型消费市场也不断涌现，为企业提供了良好的发展空间和广阔的市场需求。河北政府对新兴产业、高附加值产业、新能源、新材料等高新技术产业的政策支持，进一步为企业拓宽市场需求提供了有效的政策保障。

（二）区域产业结构不断优化，产业发展驶入新轨道

2014年以来，北京在"控增量、促减量、优存量"中实现了高精尖产业快速发展，津冀在产业有序承接中实现了产业优化升级，三地产业链高级化、产业基础现代化水平显著提升，区域产业结构得到明显优化。2022年京津冀地区生产总值为100 292.64亿元，按不变价格计算，比上年增长3.2%。其中，第一产业增加值为4 794.95亿元，比上年增长8.1%；第二产业增加值为29 694.13亿元，比上年增长0.9%；第三产业增加值为65 803.56亿元，比上年增长3.8%^②。京津冀产业发展一直以第三产业为主，第二产业次之，第一产业在经济中占比最少。从产业结构来看，京津冀三次产业结构已由2014年的5.7：41.1：53.2转变为2022年的4.8：29.6：65.6，第三产业比重提高了12.4个百分点^③。

第一产业比重逐渐减少，农业现代化进程逐步加快。随着国家对京津冀地区发展定位的调整，区域发展重心逐渐从第一产业转向第二、第三产业，加之传统的第一产业如农业、林业等逐渐被现代化、科技化、集约化的农业所取代，农业机械化、

---

① 资料来源：《2023京津冀产业链供应链大会》会刊。

② 资料来源：作者由《北京市2022年国民经济和社会发展统计公报》《2022年天津市国民经济和社会发展统计公报》《河北省2022年国民经济和社会发展统计公报》《北京统计年鉴（2023）》《天津统计年鉴（2023）》《河北统计年鉴（2022）》整理所得。

③ 周维富.京津冀产业协同发展的进展、问题与提升路径[J].中国发展观察，2023（5）:9-13.

自动化水平、劳动生产率等不断提高，降低了对劳动力的需求，最终导致京津冀地区第一产业的转型升级和比重降低。

第二产业比重略有下降，产业结构优化趋势明显。制造业的发展对地区经济增长起到了重要的推动作用，但京津冀资源与环境问题形势严峻，促使环保政策和生态文明建设要求不断加深，高污染、高能耗的第二产业企业治理和淘汰力度不断加大，加之科学技术快速发展，部分创新能力强的大型企业逐步实现了传统产业向新兴产业的转型升级，第二产业比重进一步下降。

第三产业比重逐渐增加，经济活力和韧劲不断加强。第三产业是京津冀区域经济发展的保障体系和关键引擎。随着京津冀协同发展战略的实施以及科学技术的发展与进步，产业发展逐步向高附加值、高技术含量的产业转型，特别是以金融业、信息传输、软件和信息技术服务业等为代表的现代服务业。据统计，2022年京津冀区域软件和信息服务业收入全国占比达26.13%，总量规模位列三大经济圈首位[①]。此外，随着京津冀一体化进程的推进，人才、技术等高端资源要素加速流动，为第三产业发展提供了强大的支撑，带动第三产业比重上升。

案例5-1　首钢京唐钢铁联合有限责任公司

首钢京唐钢铁联合有限责任公司（以下简称"首钢京唐公司"）成立于2005年，地址位于曹妃甸工业区钢铁电力园区。首钢京唐公司钢铁厂项目是纳入国家"十一五"规划纲要的重点工程。

---

① 资料来源：《2023京津冀产业链供应链大会》会刊。

2014年，习近平总书记亲自谋划、亲自部署、亲自推动京津冀协同发展，非首都功能疏解拉开大幕。2014年7月，京冀两地签署《共同打造曹妃甸协同发展示范区框架协议》，双方决定从产业、交通、生态等7方面加强协同合作，并依托京冀曹妃甸协同发展示范区，实现了京津产业转移首选地、协同创新新基地、非首都功能疏解新空间建设。首钢京唐公司在这样的背景下应运而生。首钢京唐公司秉持着"创新、协调、绿色、开放、共享"的发展理念，致力于打造具有全球竞争力的世界一流钢铁企业，不仅促使曹妃甸实现了对北京生产性服务业的转移，与钢铁业下游形成产业链，还极大地促进了曹妃甸矿石港、原油港、煤炭港等港口群的建设。自搬迁调整到2023年5月，北京累计退出一般制造和污染企业约3 000家，疏解提升区域性批发市场和物流中心近1 000个。首钢在河北注册企业81家，资产规模达1 947亿元，有力带动了区域经济社会发展和产业提升[①]。

首钢的搬迁紧密结合国家战略，有助于发挥区域比较优势、优化产业结构布局、推动区域经济发展、加强生态文明建设。首钢京唐公司的成立与运营借助曹妃甸优良的港口资源，降低了生产成本，提高了钢铁竞争力。当前的首钢京唐公司被誉为中国钢铁"梦工厂"，为京津冀地区成为中国式现代化建设的先行区、示范区提供了有力支撑。

（资料来源：京津冀大格局栏目，2019年5月22日，《百年首钢 涅槃新生》；中共北京市委北京市人民政府推进京津冀协同发展领导小组办公室《京津冀协同发展亮点项目建设案例图册》。）

二、新载体：推动产业合作平台共建，提升京津冀产业协同速度

产业合作平台是区域经济发展、产业调整升级的重要集聚形式，也是京津冀协同创新共同体建设的重点。针对京津冀区域内部发展水平差异较大的特点，三地对科技城、示范区、开发区、科创园、产业园等产业合作平台的共同筹建，有助于区

---

① 资料来源：北京日报（https://beijing.qianlong.com/2023/0522/8033807.shtml）。

域间形成生产要素流动、企业主体合作、全产业链条共同协作的产业协同发展格局。近年来，京津冀产业协同涌现了一批特色鲜明的经验做法，包括以合作园区为载体的"共建""共管"模式、以制造业企业为主导的"总部＋基地"模式、以大数据产业为牵引的功能互补协同模式等六大模式，每一种都涌现出一批具有代表性的案例，为下一步深入推进京津冀产业协同形成经验。京津冀产业合作平台的建设按照"强点、成群、组链、结网成系统"的发展思路，以园区为载体，由关键点引领线，由关键线带动面，由关键面交织成网络，进而在合理的网络之下推动产业分布在空间上集聚优化。京津冀产业合作平台建设为京津冀聚集创新资源、培育新兴产业、推动城市化建设、带动区域经济发展提供了平台。

（一）产业对接协作逐步加快，产业发展形成新体系

产业转移对接协作是协同发展的实体内容和关键支撑，京津冀产业合作平台的建立能够有效提升产业承接与产业协同效率。产业合作平台建设扩大了产业转移、承接、协作成果，提升了区域产业合作能级。2023年5月，京津冀三地共同会商确定了包含滨海–中关村科技园、宝坻京津中关村科技城、武清京津产业新城、京津合作示范区、北京·沧州渤海新区生物医药产业园、曹妃甸协同发展示范区等专业化产业合作平台在内的50家特色鲜明、营商环境好、承接能力强、与北京产业链紧密衔接的重点平台，并形成了《京津冀产业合作重点平台目录》（2023年版），对开展京津冀产业协同发展重点平台跟踪、产业承接宣传推介、合作资源对接等服务活动具有重要意义。

产业合作平台作为实体经济承载主体，是推动产业协同发展与创新发展的主引擎、主阵地，在推动京津冀经济高质量发展中肩负重大使命任务。京津冀三地以疏解北京非首都功能带动产业转移与承接为主要抓手，推动产业对接协作跑出"加速度"。京津冀产业合作重点平台共包含协同创新平台16家、现代制造业平台23家、服务业平台10家、农业合作平台1家，其中，天津16家、河北34家，有效彰显了京

津冀产业结构与布局的不断优化。津冀将在此基础上不断加强与北京企业总部、金融机构、科研院所等优质资源的对接合作，引导在京优质企业、重大项目和创新资源入驻落户，合力推动新能源和智能网联汽车、生物医药、氢能、工业互联网等重点产业链延伸布局，为构建现代化首都都市圈、建设世界级城市群提供有力支撑。

（二）产学研用融合不断深入，产业集聚呈现新形势

产学研用的深入融合能够有效提高区域产业集聚技术创新能力，提升区域产业集聚整体竞争力。产业合作平台的建立对区域内产学研资源的整合和对接起到了关键作用。京津冀具有良好的企业、高校和科研机构基础，通过产学研用融合，能够有效培育和引进高层次人才，发掘各产业领域专家智力资源，在加速汇聚人才的同时激活企业内生动力，将科研、教育和生产等不同社会分工功能与资源优势相结合，实现技术创新上、中、下游进一步对接耦合，促进区域协同与技术集成。

　　京津冀通过设立技术创新中心、产业联盟、实验室等组织机构，达到了为区域产业合作赋能的目的。如以石家庄市主导产业为基础，以促进企业为主体、市场为导向、产学研相结合技术创新体系为目标的"石家庄京津冀产学研联盟"①，为三地产、学、研各方供需合作、信息互通、资源共享提供了鼓励、引导与扶持；又如，为提升京津冀高等教育服务区域协同发展能力成立的"京津冀协同创新联盟"②，为高校服务地方经济建设经验交流与借鉴提供了支持；再如以"科技资源＋数字地图＋情报研究＋平台服务"为模式的"京津冀科技资源创新服务平台"③，为三地政府、企业、

① 2014年12月由石家庄市委市政府发起并组织，由驻京津冀高校、科研院所、金融机构和石家庄市域内重点企业等组成，是起组织、协调、服务、推介功能的政、产、学、研、用合作桥梁。
② 2015年6月由北京工业大学、天津工业大学、河北工业大学携手成立，是立足京津冀协同发展重大需求，联合申报和承担国家重大研究项目或国际科技合作项目，共同构建国际化资源开放的实验平台。
③ 2018年10月在北京发布，由北京市科学技术情报研究所、天津市科学技术信息研究所、河北省科学技术情报研究院等机构牵头成立，是为加快推进京津冀三地科技资源汇聚、科技协同创新、科技成果供需对接、科技服务示范应用的跨区域科技资源信息综合服务平台。

科研人员提供了优质的信息和咨询服务。京津冀产学研用衔接平台的搭建为包括政府、企业、高校等在内的各产学研用主体提供了技术研发、测试验证、专利申请、对接融合等服务，为实现以技术创新和人才聚集引领产业高质量发展、推动京津冀产业协同注入了强劲动能。

（三）产业协作模式充分拓展，产业升级达到新高度

产业合作平台搭建与产业协作模式拓展为推动区域产业结构调整，培育先进制造业集群和优势产业链奠定了基础。由产业协作带来的产业升级是提升区域经济竞争力的重要途径，更是推动区域经济高质量发展的关键。高效且多样的产业协作模式能够通过产业链、供应链、要素链和创新链分工协同，优化产业布局、引导企业创新与合作，扩大产业转移与承接成果，拓展产业市场空间，提升区域产业合作能级。

京津冀产业协同正由单个企业、单一项目对接，向产业链供应链区域联动转变。产业协作模式的充分拓展，能够有效实现区域优势互补、优化资源配置、提高整体经济效益，促使京津冀拓展技术交流模式，共享发展机遇。京津冀协同发展10年以来，三地坚持产业转移和转型升级相结合，以因地制宜、因业制宜、因势利导为原则，在破除体制机制障碍的同时逐渐探索形成了多种区域产业协作模式，如：有助于降低区域间税收竞争，优化资源配置，提高整体经济效益的税收分成模式；通过市场监管、行政执法合作，提高市场监管水平，维护市场公平竞争的托管或异地监管模式；能够跨越行政区划限制和行政管理空间，实现资源互补的"飞地经济"模式；以技术创新、人才培养、科研成果转化合作，促进产业升级、学术研究水平提高和高素质人才培养的产学研合作模式；以龙头企业为核心，整合全产业链优势，实现产业链各环节协同发展的全产业链合作模式；等等。这些模式为破除京津冀三地各支柱产业孤立化、碎片化、同质化、重叠化以及产业转型难、升级难等问题提供了有效路径。

案例5-2　北京·沧州渤海新区生物医药产业园

北京·沧州渤海新区生物医药产业园位于沧州渤海新区临港经济技术开发区西区，是河北省战略性新兴产业示范基地，也是沧州市重点发展的特色产业集群之一。

北京·沧州渤海新区生物医药产业园按照京冀"共建、共管、共享"思路建设，入园企业保留"北京身份"，药品批准文号和生产许可等部分管辖权仍属北京，实现异地监管，在全国开了先河。具体而言，在"共建"方面，京冀双方分别借助自身医疗资源及创新资源，在渤海新区的临港经济技术开发区建设生物医药专业园区，形成"园中园"发展新模式。在"共管"方面，北京市药监局通过政策创新与突破，实行"专人服务、专项监管"等举措，使得本市企业加快了药品注册、生产许可变更手续，加强了药品质量监管。在"共享"方面，北京·沧州渤海新区生物医药产业园根据企业需求，在企业所在地设立分支公司，按照相关规定，将园区工业产值和税收留在当地，由此实现对河北经济社会发展的带动。

北京·沧州渤海新区生物医药产业园打破了阻碍京企外迁的政策壁垒，促进两地医药企业协作迈上新台阶。截至2021年4月，园区已签约项目160个，总投资487亿元，其中北京项目98个，总投资274亿元，天津项目22个，总投资67亿元。落地项目74个，其中北京项目46个、天津项目8个。国家1.1类新药项目达到8个，大部分企业的产品特色明显、优势突出，产品市场份额超过50%[①]。产业园汇聚了京津冀地区众多知名药企，产业聚集初步形成。

（资料来源：京津冀大格局栏目，2018年9月26日，《行走京津·渤海湾崛起京津医药产业园》；中共北京市委北京市人民政府推进京津冀协同发展领导小组办公室《京津冀协同发展亮点项目建设案例图册》。）

三、新图景：强化群链廊深化融合，创新京津冀产业布局模式

2023京津冀产业链供应链大会首次提出了京津冀产业协同"五群六链五廊"的

[①]　资料来源：中国中小企业河北网（https://gxt.hebei.gov.cn/sme/sc/qyjj/776209/）。

全景发展蓝图，其目的是优化京津冀地区产业布局，为区域产业链、供应链、创新链协同发展提供战略框架。其中，"五群"代表京津冀地区的优势产业，能够有效实现产业结构优化升级，推动区域经济发展；"六链"是推动"五群"发展的关键因素，为"五群"提供创新、人才、政策、资金和生态支持；而"五廊"则是连接"五群"和"六链"的通道，通过优化空间布局，提升交通、信息等基础设施水平，加强"五群"之间的联系，促进产业链供应链协同发展。"五群六链五廊"的提出为京津冀产业布局优化、产业链深化融合提供了重要发展方向，是投资京津冀的"指南针"和"导航图"。京津冀通过加强产业集群、产业链和产业廊道之间的联系，能够有效推动要素流动共享，加速京津冀产业协同发展。

（一）"五群"：主体活力持续增强，产业集群发展彰显新引擎

产业集群的演化和升级是实现京津冀产业协同发展的坚实基础。产业集群是在某一地理区域内，相同或相关行业中小企业集中分布，通过紧密且专业化的分工合作以获得某些外部经济的过程。"五群六链五廊"中的"五群"围绕集成电路、网

络安全、生物医药、电力装备、安全应急装备等五大产业集群（见表5-1），是提高京津冀整体产品市场占有率、关键零部件替代率和区域经济贡献率，打造世界级产业集群的关键。截至2023年11月，京津冀累计培育国家级专精特新"小巨人"企业1 605家（占全国比重达到17.3%），专精特新中小企业18 614家，创新型中小企业数量达到近8 000家，高质量发展"动力源"作用逐步彰显[1]，为"五群"发展奠定了良好的基础。产业集群对区域产业发展的意义主要体现在促进产业结构优化、提高产业附加值、推动技术创新、带动区域经济发展和增强区域竞争力等方面，通过发展产业集群，有利于京津冀区域产业高质量发展，打造具有核心竞争力的产业体系。

表5-1　"五群"及其涉及领域

产业集群名称	涉及领域
集成电路产业集群	集成电路设计、制造、封装、测试等
网络安全产业集群	网络安全防护技术、安全检测与评估、安全防护产品与服务等
生物医药产业集群	生物制品、药物研发、医疗器械、医疗服务等
电力装备产业集群	新能源发电设备、智能电网设备、电力电子设备等
安全应急装备产业集群	防护装备、监测预警设备、应急救援设备等

资料来源：作者整理。

案例5-3　京津冀生命健康产业集群

京津冀协同发展以来，三地以重点产业发展为引擎，在创新策源、研发转化、规模生产等环节均发挥了重要的核心带动作用。京津冀生命健康产业集群是在中国京津冀地区，以生命健康产业为主导，涵盖生物医药、医疗器械、健康服务等多个领域的一系列产业聚集区。生命健康产业集群的发展旨在促进区域经济发展、优化产业布局和提高民生水平。

---

[1]　资料来源：《京津冀产业协同发展报告（2023）》。

2022年京津冀医药工业总产值超过4 000亿元，占全国的比重超过20%[①]，为京津冀生命健康产业集群发展提供了坚实的基础。京津冀生命健康产业集群是三地首个共同建设的国家级产业集群，是唯一已获批国内跨省（市）联合建设的先进制造集群。京津冀生命健康产业集群地处京津冀腹地的大兴区，是北京生物医药科技创新成果的重要转化地，正在全力打造生命健康千亿级产业集群，核心区域就是被誉为"中国药谷"的大兴生物医药产业基地。"中国药谷"注册企业已经超过6 000家，入驻了中检院、医科院药物所、中医科学院青蒿素研究中心等12家国家级科研院所[②]。

京津冀生命健康产业集群综合了北京生物药、医疗器械研发特色，天津化药、中药规模，以及河北中药和化学原料药产出优势，从总体规模来看，京津冀生命健康产业集群已跻身全国四大产业集群。2022年底，京津冀生命健康产业集群入选国家级先进制造业集群，凸显了京津冀对于我国生命健康产业创新发展的关键引领作用。

（二）"六链"："延补强优"加速推进，产业链融合彰显新理念

产业链的延伸和完善是促进京津冀产业协同发展的重要举措。京津冀协同发展战略实施以来，三地始终坚持京津冀产业协同不动摇。《北京市"十四五"时期高精尖产业发展规划》明确提出立足京津冀全局谋划产业布局，增强与天津、河北的全面深度联动，促进三地产业链共建、供应链共享、价值链共创，推动京津冀产业协同朝着更加均衡、更高层次、更高质量的方向迈进。10年来，北京产业发展逐步从"大而全"转向"高精尖"，天津产业链优化切实以"引得来"巩固"发展好"，河北则不断用"接得住"实现"升级跳"。三地围绕各自产业优势，深化京津冀智能网联汽车创新链、产业链、供应链深度融合，以共建上下游衔接的产业链和供应链体系。"五群六链五廊"中的"六链"进一步明确了京津冀产业链协同发展的未来方向，通过聚焦氢能、新能源和智能网联汽车、网络安全和工业互联网、高端工业母机、生

---

① 资料来源：《2023京津冀产业链供应链大会》会刊。
② 资料来源：北京日报（https://baijiahao.baidu.com/s?id=1782892124637559951&wfr=spider&for=pc）。

物医药、机器人产业链（见表5-2），面向未来，按照全产业链统筹培育，以创新链带动产业链，在实现"延链""补链""强链""优链"的同时提升重大科技成果转化率、龙头企业配套率和产业规模增长率，打造新的经济支柱。

表5-2 "六链"及其涉及领域

产业链名称	涉及领域	目标
氢能产业链	制氢、储运、加注和应用等环节	打造全球新能源风向标
生物医药产业链	生物医药研发、临床、制造到应用全链条	打造具有全球影响力的生物医药产业协同创新发展策源地
网络安全和工业互联网产业链	基础设施、基础软件、终端应用全链	打造工业互联网平台赋能高地
高端工业母机产业链	高档数控机床、增材制造装备、特种机床等整机制造及配套零部件	实现高端化、自主化发展
新能源和智能网联汽车产业链	感知系统、控制系统、通讯系统、执行系统、三电系统到整车制造的全产业链	构建全产业链体系
机器人产业链	核心零部件、配套部件及算法模块、机器人本体、系统集成等环节	打造全球机器人技术创新策源地、应用示范高地和高端制造集聚区

资料来源：作者整理。

案例5-4 新能源和智能网联汽车产业链

新能源和智能网联汽车作为京津冀产业建圈强链重要突破口之一，对于京津冀地区打造全球科创中心、成为世界级高新技术产业策源地和集聚地具有重要战略意义。

新能源汽车是汽车产业技术变革的上半场，是发展智能网联汽车的重要基础。京津冀依托北京北汽新能源、福田戴姆勒、北京现代、北京奔驰等整车产能布局，天津国内第一批新能源汽车科技专项产业化示范区以及河北11家整车企业，逐步形成了新能源汽车产业发展全面布局。智能网联汽车是汽车产业技术变革的下半场，是汽车制造与智能化、网联化技术的深度结合。从链条完整性看，京津冀已覆盖了智能网联汽车全产业链，京津优势突出，河北技术基础逐步积累。具体而言，北京已构建涵盖感知系统、控制系统、通讯系统、执行系统和整车制造等在内的智能网联汽车全产业体系；天津的产业链主要涵盖感知系统、决策控制、系统集成以及测试评价等环节，在智能网联汽车技术服务领域已具备核心竞争力；而河北在智能网联汽车产业链上的企业主要集中在感知系统制造链环。

新能源和智能网联汽车产业链作为信息化与工业化深度融合的重要领域，是5G垂直应用落地的重点方向。当前，京津冀三地均处于新能源和智能网联汽车领域积极布局的阶段，在政策制定、技术研发、产业发展、示范应用、场景创新等方面均具有巨大的产业发展潜力和应用市场空间，对于带动传统汽车行业、交通行业和电子信息行业的产业转型升级、协同创新和融合发展具有深远意义。

（三）"五廊"：空间布局不断优化，产业廊道发展实现新突破

产业廊道的优化和拓展是加速京津冀产业协同发展的重要动力。产业廊道是指在一定地理空间范围内，以产业链为主线，通过产业集聚、产业协作和产业创新等方式，将相关产业有机地联系在一起，形成的一个具有明显经济效益和竞争优势的产业群体。产业廊道有利于提高资源配置效率，实现产业链上下游企业之间的协同发展，提升区域产业竞争力。"五群六链五廊"中的"五廊"是立足于京津冀产业特点，整合资源，深入探索区域产业协同与互补发展的新路径。"五廊"具体包括京津新一代信息技术产业廊道、京保石能源装备产业廊道、京唐秦机器人产业廊道、京张承绿色算力和绿色能源产业廊道、京雄空天信息产业廊道（见表5-3）。产业廊道是区域间产业合作与交流的重要平台，有利于区域内产业集聚、结构调整、经济发展、空间布局优化、创新能力提升、竞争力提高和可持续发展。京津冀能够通过"五廊"开展产业合作，形成良好的产业协同效应，进而实现区域产业高质量发展。

表5-3　"五廊"及其涉及领域

廊道名称	涉及领域
京津新一代信息技术产业廊道	重点依托北京经开区、中关村通州园、天津西青区和滨海新区等，协同布局集成电路、网络安全等产业
京保石新能源装备产业廊道	重点依托北京经开区、中关村昌平园、涿州高新区、保定高新区、徐水经开区、石家庄经开区等园区，协同布局新型电力设备、新能源装备及新能源汽车等产业
京唐秦机器人产业廊道	重点依托中关村丰台园、中关村房山园、北京经开区、唐山高新区、秦皇岛经开区等园区，协同布局各类机器人、安全应急装备等产业
京张承绿色算力和绿色能源产业廊道	重点依托中关村科学城、中关村大兴园、中关村昌平园、张家口经开区、张北云计算产业基地、怀来大数据基地、承德高新区等园区，协同布局大数据、绿色氢能等产业
京雄空天信息产业廊道	重点依托中关村科技园、雄安新区和固安高新区、涞源开发区、涞水开发区等，协同布局卫星通信服务、卫星技术综合应用、运载火箭试验等产业

资料来源：作者整理。

案例5-5　京津新一代信息技术产业廊道

新一代信息技术产业是国家《战略性新兴产业分类（2018）》所界定的九大战略性新兴产业之首。京津新一代信息技术产业廊道起源于2016年北京市发展和改革委员会出台的《北京市国民经济和社会发展第十三个五年规划纲要》（以下简称《纲要》）中提出的"京津走廊"。《纲要》明确指出，要"推动京津走廊、京广线、京九线三条产业带协同发展，共同建设'4+N'战略合作功能区，积极推进京津冀区域全面创新改革试验，打造引领全国、辐射周边的创新发展战略高地"。

2016年以来，京津走廊以技术研发、产业培育、融合应用为主线，着力布局以基础元器件、网络技术、广域通信、系统集成为支撑的电子信息产业，着重在重点领域寻求新的突破，着力打造新一代通信产业高地、大数据云计算开发应用高地和信息网络未来产业高地。

京津新一代信息技术产业廊道是京津冀产业协同全景蓝图"五群六链五廊"中"五廊"的重要组成部分。新一代信息技术已成为推动当今世界产业变革和经济发展的关键力量，京津新一代信息技术产业廊道依托云计算、大数据、区块链、物联网等新一代信息技术，推进了区域产业分工及经济结构调整，强化了京津冀地区科技研发和成果产业化功能，对建设京津冀高新技术产业带具有重要意义。

在未来，京津新一代信息技术产业廊道将进一步统筹利用永定河绿色生态廊道的良好生态环境，以丰台园区、石景山园区、门头沟园区、中关村南部（房山）科技创新城等为节点，强化科技创新资源向南辐射，带动周边区域创新发展①。

---

① 资料来源：北京市发展和改革委员会（https://fgw.beijing.gov.cn/fgwzwgk/zcjd/201912/t20191226_1505400.htm）。

第六章　动力引擎：
协同创新共同体建设稳步推进

推动区域协同创新是京津冀协同发展迈上新台阶的重要基础和动力引擎，更是京津冀地区成为中国式现代化建设先行区和示范区的关键。京津冀协同创新担负着建设国际科技创新中心、助力北京成为世界科学前沿和新兴产业技术创新策源地、实现区域经济高质量发展等多重时代任务。2018年11月，京津冀三地科技部门联合签署《关于共同推进京津冀协同创新共同体建设协议》，为促进区域创新要素流动和科技成果转化，推动创新链和产业链完善贯通，协同打造创新发展战略高地提供了顶层指引。10年来，京津冀三地始终以夯实协同创新基础、深化科技创新合作和强化创新能力为目标，着力营造良好的协同创新"软环境"，打破"一亩三分地"思维定式，共同推动"协同创新共同体"建设，地区创新实力、能力、活力稳步提升。

一、锻铸创新之基：创新基础日益坚实，创新动能有效激发

打造坚实的协同创新基础是推动"协同创新共同体"建设的首要环节和重要前提。2019年，习近平总书记在京津冀三地考察并主持召开京津冀协同发展座谈会时

指出，"自主创新是推动高质量发展、动能转换的迫切要求和重要支撑，必须创造条件、营造氛围，调动各方面创新积极性，让每一个有创新梦想的人都能专注创新，让每一份创新活力都能充分迸发"，强调了夯实创新基础对于开展创新活动的重要性。京津冀协同发展10年来，三地着力培育创新主体、强化基础研究和完善制度体系，为高效开展创新活动夯实创新基础、储备发展后劲。

（一）创新主体初露峥嵘，区域竞争力不断提升

企业、高等院校和科研人员等创新主体作为科技创新活动的主要承担者，是京津冀协同创新发展的科研战略力量。创新主体具有能动性和创造性，能够有效推动多元化创新体系建设，提升京津冀地区的科技创新能力和产业附加值。推动京津冀协同创新发展，首先必须锻造强大的创新主体。10年来，京津冀地区鼓励自主创新，各类创新主体蓬勃发展，创新活力竞相迸发。企业的创新主体地位全面强化，高等院校成为科学探索的骨干，科研人员成为知识创新的中坚力量，区域创新空前活跃，符合京津冀协同发展要求的创新体系正在逐步形成。

1.企业：创新主体地位持续加强

企业是科技创新活动的重要主体，与市场结合最紧密，对市场需求最敏锐，能够最直接参与并实现创新增值。高新技术企业和"专精特新"中小企业是最具创新活力、最重要的创新主体，是企业创新主体的代表。京津冀地区印发《北京市关于促进"专精特新"中小企业高质量发展的若干措施》《河北省优质中小企业梯度培育管理实施细则》等相关文件支持打造优质创新企业。在政策文件指引下，京津冀地区以培育具有竞争力的优质企业为目标，使企业真正成为创新活动的主体、创新研发投入的主体。一方面，优质企业群体发展壮大，创新力量逐渐凝聚。截至2022年底，京津冀地区累计培育国家级专精特新"小巨人"企业1 100多家，创新型中小企业近8 000家[①]，形成了中小企业发展的骨干力量，创新发展"动力源"作用逐渐显

① 资料来源：《京津冀产业协同发展报告（2023）》。

现。另一方面，企业创新产出质量稳步提升，主体地位持续强化。2021年，京津冀地区企业研发经费为2 140.17亿元[①]，占三地研发经费的比重为54.19%，企业创新活力得到激发，成为开展创新活动的主要力量；此外，京津冀地区规模以上工业企业专利申请与有效发明专利数再创新高，分别达7.73万件和13.11万件[②]，企业创新产出质量提升，主体地位得到巩固加强。

2.高校：科技创新能力不断提升

高校是教育、科技、人才"三位一体"的重要结合点，发挥着基础研究主力军和重大科技突破生力军的作用，能够将发展科技第一生产力、培养人才第一资源、增强创新第一动力更好结合，发挥基础研究深厚、学科交叉融合优势，产出"顶天立地"的科研创新成果，做出重大知识贡献，为推动区域协同创新发展提供支撑。在京津冀协同发展过程中，三地高度重视高校的创新主体作用，在巩固教育资源优势、夯实创新基础方面取得积极成效。一方面，京津冀高校数量规模逐步扩大，教育资源优势巩固提升。截至2022年，京津冀三地高校数量增至272所，其中进入国家211工程的有31所院校，进入国家985工程的有10所院校[③]，地区高校体量优势明显，高等教育资源巩固提升，推进协同创新的支撑和引领作用增强。另一方面，高校创新基础日益坚实。依托211工程和985工程高校建设，京津冀地区在科技创新和基础研究领域得到国家大力支持，2021年京津冀三地高等学校拥有R&D课题数197 512项，占全国总R&D课题数的13.75%，R&D经费内部支出412.30亿元，其中，基础研究支出163.21亿元[④]，高校科研创新活力得到有效激发，三地在原始创新和知识积累方面的竞争力逐渐提升。

---

① 资料来源：《中国科技统计年鉴（2022）》。
② 资料来源：《中国科技统计年鉴（2022）》。
③ 资料来源：搜狐网（https://news.sohu.com/a/652124683_121364692）。
④ 资料来源：《中国科技统计年鉴（2022）》。

3.科研人员：人才数量质量"双增长"

科研人员具有专业的科研背景和强大的技术知识储备，能够在创新过程中提供专业的技术支持。规模宏大、结构合理、素质优良的创新人才队伍是提升地区创新水平的核心主体，是推动区域协同创新发展的重要保障。《京津冀人才一体化发展规划（2017—2030年）》为三地如何引才、留才、育才提供了指引，三地在人员结构优化和人才素质提升上取得实效。第一，创新人员数量持续增加，创新人才高地加速隆起。2014—2021年京津冀R&D人员折合全时当量由45.97万人/年增加至56.69万人/年[1]，年均增长率为3.04%，创新型人才队伍建设初见成效。第二，京津冀研发人员结构持续优化。2021年京津冀研发人员中拥有博士学历、硕士学历和本科学历的人数分别是2014年的1.94倍、1.42倍和1.99倍[2]，人才配置不断优化，推动协同创新发展的中坚力量初步形成。第三，京津冀地区高层次人才云集，科技实力日益雄厚。

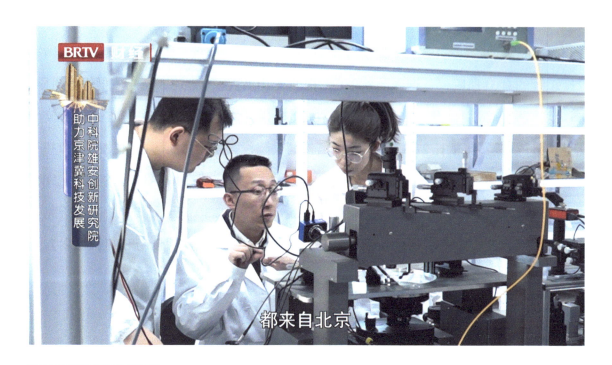

---

① 资料来源：《中国科技统计年鉴（2022）》。
② 资料来源：《中国科技统计年鉴（2022）》。

截至2022年，京津冀三地拥有两院院士200余名，占全国两院院士总数的7%[①]，攻克关键核心技术的力量越发强劲，三地逐渐成为具备强大科技实力和创新活力的区域。

（二）基础研究不断强化，创新策源力逐步提高

基础研究是科技创新的源头，也是突破"卡脖子"技术难题的关键支撑。习近平总书记指出，"加强基础研究是科技自立自强的必然要求，是我们从未知到已知、从不确定性到确定性的必然选择"。根深才能叶茂，唯有提升基础创新能力，才能做出原创性、革命性、颠覆性的关键核心技术。京津冀协同发展战略实施以来，三地通过协同合作前瞻布局基础研究，推进重大科技基础设施集群建设，战略科技力量体系得到强化。2022年2月，三地举办"关于共同推进京津冀基础研究合作协议（第三期）"签约会，初步形成基础研究领域合作圈，助推三地共同解决区域性科学问题和技术难题，三地基础研究持续强化，地区创新策源力不断提升。截至2022年，京津冀三地围绕"智能制造""精准医学"等领域资助项目100余项，相关成果服务了雄安新区生态规划、京津城际铁路沿线典型沉降整治等。这种深耕基础研究的态势为科技成果转化提供了坚实基础，基础研究与科技应用之间衔接更加紧密，创新链条更加完整，协同创新步伐稳健，发展预期持续向好。

（三）制度体系日趋完善，创新软环境持续优化

健全的创新制度体系是京津冀协同创新发展的重要保障。构建完善的创新制度体系能促进创新资源整合共享，提升三地创新融合度，形成良性创新生态。京津冀协同发展以来，三地持续深化创新制度体系建设，区域创新联动机制和利益分享机制日臻完善，创新"软环境"日益优化，为协同创新发展提供"硬支撑"。

创新政策频现，创新体系效能提升。深化京津冀协同创新顶层设计是落实协同创新工作的保障，国家和京津冀地方政府积极、主动、审慎地为推动三地协同创新

[①]　资料来源：搜狐网（https://www.sohu.com/a/670306055_121651744）。

出谋划策。第一，创新政策层出不穷，协同机制日益完善。京津冀协同发展战略实施以来，国家和三地政府陆续推出一系列政策推动京津冀协同创新发展（见表6-1），跨域创新壁垒逐渐被打破，协同创新发展方向更加明确，三地创新交流与合作更加紧密。第二，创新政策涵盖领域逐渐拓宽，政策保障愈加牢固。京津冀三地协同创新政策涵盖资金支持、研发激励、人才培养等方面内容，协同创新发展得到全方位支持。比如，为维护创新主体利益，提升创新积极性，三地高级人民法院于2023年在河北雄安新区共同签署《加强知识产权司法保护协作框架协议》，地区知识产权产出、保护和运用能力取得长足进步，创新活力得到激发。全面覆盖的政策体系营造了良好的创新生态，不仅为京津冀协同创新发展提供坚实的政策支持，更为区域科技创新的蓬勃发展注入强大动力。第三，打造出"三位一体"协同创新体系，协同创新发展机制日趋完善。10年来，京津冀积极探索科技创新基地、科技孵化器等创

新载体共建，通过大力推进京津冀国家技术创新中心建设[①]，采取大学"育种"、中心"育苗"、企业"育材"、区域"成林"发展模式，打造出技术研发、产业培育、人才培养"三位一体"协同创新体系；此外，三地持续完善协同创新发展机制，建立"（1+1+N）×2"工作机制，依托1个原始创新平台（北京海淀本部）提升区域创新策源能力、1个产业承接平台（燕郊）加快原创技术就地产业化、N个产业创新平台（通州、雄安等）推动技术升级和创新发展、2个业务推动平台（天津、河北）助力科技成果转化，将本部创新基因、科技成果、要素资源与产业承接平台、创新平台等空间载体融合嫁接，打造出"创新链—产业链"耦合的协同创新共同体，为促进创新要素流动和创新链条融通、提升科技创新增长引擎能力奠定了坚实基础。

表6-1 京津冀协同创新发展相关政策文件

发文时间	发文机构	政策名称	重要内容
2014年	北京市科委会、天津市科技局、河北省科技厅	《京津冀协同创新发展战略研究和基础研究合作框架协议》	建立京津冀区域协同创新发展战略研究和基础研究长效合作机制，搭建三地共同研究战略平台等
2015年	北京市科委会、北京市政府	《关于建设京津冀协同创新共同体的工作方案（2015—2017年）》	建设京津冀协同创新共同体，积极打造国家自主创新重要源头，促进高端创新资源集聚等
2016年	国务院	《京津冀系统推进全面创新改革试验方案》	以促进创新资源合理配置、开放共享、高效利用为主线，建立健全区域创新体系等
2018年	北京市科委会、天津市科技局、河北省科技厅	《京津冀科技创新券合作协议》	支持本地企业利用异地科技资源开展测试检测、合作研发、委托开发、研发设计等科技创新活动

[①] 资料来源：京津冀大格局栏目，2022年11月9日，《加速推进科技成果转化 构建京津冀协同创新共同体》。

续表

发文时间	发文机构	政策名称	重要内容
2018年	北京市科委会、天津市科技局、河北省科技厅	《关于共同推进京津冀协同创新共同体建设合作协议（2018—2020年）》	共建创新要素与资源共享平台、深化细化区域分工与布局、促进三地高校院所企业协同创新等
2021年	北京市科委会、天津市科技局、河北省科技厅	《关于共同推进京津冀基础研究的合作协议（2021—2025年）》	实施基础研究合作专项，加快研究成果对接应用，促进成果共享与转化落地等
2023年	北京市科委会、中关村管委会、天津市科技局、河北省科技厅	《京津冀协同发展科技创新协同专题工作组工作机制》	明确"战略协同、开放共赢、优势互补、持续突破"工作原则，充分发挥国际科技创新中心辐射带动作用等
2023年	北京市科委会、中关村管委会、天津市科技局、河北省科技厅	《促进科技成果转化协同推动京津冀高精尖重点产业发展工作方案（2023）》	建立科技成果供需清单机制、推动科技成果转化服务体系建设、促进重点产业协同创新发展等

资料来源：作者整理。

　　创新联动机制初步建立，协同创新工作有序开展。京津冀三地科技部门主动作为，建立京津冀协同创新"1+3"联动工作机制，组建创新协同推进工作小组，定期召开专题会议，共同研究推动京津冀协同创新各项重点工作落地落实，有效推动省地密切联动，加强创新合作。此外，京津冀三地科技部门还建立定期会晤机制，相继签署《关于共同推进京津冀协同创新共同体建设合作协议（2015—2017年）》《关于共同推进京津冀协同创新共同体建设合作协议（2018—2020年）》，持续推动科技资源共享和成果转移转化，梯次有序、分工协作的创新战略布局逐渐形成。

　　利益共享机制不断完善，区域创新合作动力加强。政府主导的利益共享机制是激发三地创新合作积极性和主动性的关键，不仅能使北京从长远的整体协同效应更大化中获益，增强其对津冀两地"真赋能""赋高能"的内在动力，还能使津冀两地获得更多的优势资源与优质要素，从而有效减弱北京对津冀的虹吸效应，激发三地创新活力。当前，京津冀三地已有效探索出按出资比例共享税收与运营收益、按创新贡献分配增值收益等多种区域利益共享模式，京津冀地区的创新合作迎来更为广阔的发展空间，各主体利益实现最大化，创新增值效果逐渐显现。

二、凝聚创新合力：创新合作持续深化，创新态势愈显蓬勃

深化科技创新合作是京津冀协同创新发展的核心内容，对于解决京津冀地区长期以来存在的创新资源"碎片化""孤岛现象"等问题具有重要意义。京津冀地区作为中国经济发展的重要引擎和创新中心，具有独特的地理优势和资源互补性，在科技创新方面有着巨大的协同发展潜力。10年来，三地戮力同心，加强创新合作，推动创新优势互补、创新要素共享共通，协同创新共同体建设稳步推进。

（一）创新优势互补增效，创新合力逐步形成

京津冀三地具有不同的优势与潜力，优势互补、强强联合是推动区域协同创新的重要基础。《关于推进京津冀协同创新共同体建设的决定》（以下简称《决定》）明确了共同体建设要以优势互补、合作共赢为原则，强调在北京与天津合作方面要唱好京津"双城记"，将北京科技创新优势与天津先进制造研发优势相结合，拓展合作广度和深度，共同打造区域发展高地；在北京与河北合作方面，要将北京科技创新优势与河北环京地缘优势相结合，建立紧密的分工协作和产业配套格局；加强通州区与"北三县"的创新合作，推动一体化高质量发展；在天津与河北合作方面，津冀围绕化工产业、生物制药、临港经济等加强创新合作。在《决定》指引下，各地依据自身禀赋与资源优势，明晰功能定位，通过深化三地创新合作，打造了目标同向、措施一体、优势互补、互利共赢的协同创新格局。

北京作为原始创新策源地、国际科技创新中心和全球高端创新型人才中心，是

京津冀协同创新的核心引擎。为推动三地协同创新，北京充分发挥高端人才集聚、科技基础雄厚的创新优势，辐射带动区域整体创新水平提升；通过建成"京津冀国家技术创新中心"，推动北京创新链与津冀产业链、供应链深度融合；通过设立"京津冀科技创新协同专项资金"，为三地课题立项投入科研经费，有力带动京津冀三地在新材料、生物医药、新一代信息技术和先进制造等领域的发展。

天津是产业技术创新中心和现代化制造中心，具有先进制造研发优势，致力于建设技术研发及战略性新兴产业创新成果转化基地、打造创新型企业创新创业示范区。为推进京津冀协同创新，天津主动服务北京发展，立足"一基地三区"功能定位，依托自身区位、港口、产业等优势，引进优质项目和机构，统筹优化全市承接平台建设，科技成果转化成效显著。如天津建设天开高教科创园，加强与北京创新资源对接，促使北京清微智算、初相位科技、映目云等一批项目成果落地。与此同时，天津积极与北京和河北共建协同创新平台，协同创新体系逐渐形成。如天津大学、南开大学与清华大学、河北英利集团等联合建设6家全国重点实验室，三地协同联动不断增强，科技实力日益雄厚。

河北作为京津科技创新资源外溢和产业转移承接地，具有成果转化优势，致力于打造科技成果转化高地，形成协同创新重要节点。为推动京津冀协同创新共同体建设，河北主动对接京津资源，与京津进行关键创新技术的联合攻关和集成应用，促使京津科技成果加速在河北落地转化。比如，河北与京津在基础研究、科技资源共享等方面签署一批合作协议，围绕生物医药、中医药等领域投入2 400万元，布局40项基础研究任务，吸引10项中国科学院重大创新成果到河北转化落地，科技成果转化成效显著。

京津冀协同发展10年来，三地在目标一致、任务相同的大前提下，秉持优势互补、互利共赢的原则，推动创新策源地与创新承接地良性互动，形成了"京津研发、河北转化"的创新协作模式，为推动京津冀地区协同创新共同体建设奠定良好基础。2021年，中科院、天津大学、钢铁研究总院等13项京津重大科技成果在河北转化落地，项目数占河北省级重大科技成果转化项目总数的1/5[①]。这种"京津研发、河北转化"的创新格局不仅将先进的科技研发资源集中于京津两地，更使河北的承接能力和转化潜力得到充分发挥，全面提升了京津冀地区在科技创新领域的竞争力。

（二）创新要素共享共通，协同联动日益增强

创新要素是京津冀协同创新发展中不可或缺的组成部分，其流动是京津冀协同发展战略取得实质性进展的核心动力。京津冀三地积极破除要素跨区域流动的行政壁垒和市场堵点，在多领域加强协同合作，促使人才、技术和资本等创新要素自由流动、共享共通，兼具创新活力与协同效应的创新发展格局初步形成。

1.人才共享成为常态

人才流动有助于加速知识传播与交流，是协同创新发展的重要基础。京津冀协同发展战略实施以来，三地高度重视人才交流的重要性，大力推动人才资源在三地间共享共用。2015年，北京、河北组织部门联合出台《关于围绕京津冀协同发展进一步推进京冀干部人才双向挂职的意见》，连续五年每年互派100名干部双向挂职交流，让挂职干部"融得进、挂得住、干得好"，进一步深化了三地之间的人才交流合作，为京津冀协同发展注入强劲动力。2016年，三地共同推出人才绿卡、鼓励企事业单位间科研人员双向兼职、实行高端人才柔性引进等10多项先行先试政策，强化了三地人才的流动性。2023年，三地政府人力资源社会保障部门签署《人才工作协同发展合作框架协议》，确立深化职称资格互认、加强职业技能评价合作等事项，三地人才互通互认初步实现。这些人才政策促使京津冀三地从"地缘相近"到"人缘相亲"，区域内人才要素自由流动的雏形逐渐形成。

---

① 资料来源：澎湃新闻客户端（https://m.thepaper.cn/baijiahao_21337683）。

2.技术联系日益紧密

技术是创新发展的核心要素，其自由流动是京津冀协同创新发展的关键支撑。当前，京津冀三地共同探索联合挂牌交易合作机制，协同三地共享精品科技成果、技术项目、技术需求；建立技术交易数据信息共享和工作联动机制，定期交换技术交易监测数据，旨在加速技术要素自由流动。协同发展10年来，三地技术联系的畅通性有所增强，截至2023年11月，北京流向津冀的技术合同数量达5 620项，同比增长6.6%，成交额为653.8亿元[1]；截至2023年9月，河北吸纳京津技术合同成交额464.7亿元，同比增长50.8%[2]，技术要素在三地间高效流通，三地创新合作更加紧密，创新效能日益凸显。

3.创新资本关联日趋密切

资本是创新发展的关键因素，其自由流动有助于优化创新合作环境，推进关键核心技术攻关。京津冀三地通过跨区域设立企业子公司或分支机构推动资本互流，截至2022年，三地企业累计在京津冀区域互设分子公司超过9万户[3]，资本要素流动性得到强化。从三地企业资本互投数据来看，截至2021年，三地企业跨地互投总额突

---

① 资料来源：中国新闻网（https://www.heb.chinanews.com.cn/jjjjj/20231213441663.shtml）。
② 资料来源：河北省监察委员会（http://www.hebcdi.gov.cn/2023-11/10/content_9095757.htm）。
③ 资料来源：中国网科学（http://science.china.com.cn/2023-06/30/content_42428988.htm）。

破3.6万亿元[①]，资本互动性加强。从创新资本流空间数据来看，截至2021年，京津冀创新资本流空间平均度为8.92，网络密度为0.74，创新资本关联日趋密切[②]，资本要素在三地间自由流动，实现创新资源共享共通，为京津冀地区协同创新发展注入了强劲动能。

---

① 资料来源：河北新闻网（https://hebei.hebnews.cn/2022–11/30/content_8909986.htm）。

② 资料来源：《京津冀发展报告（2023）：国际科技创新中心建设助推区域协同发展》。

案例6-1　科技创新券互认互通

2018年，京津冀三地科技、财政主管部门签署合作协议，正式启动科技创新券互认互通，为推动京津冀三地技术资源开放共享、提高科技创新能力、有效降低科技型中小微企业科技创新成本奠定了良好的基础。科技创新券是政府向科技型中小企业和创新创业团队免费发放的权益凭证，主要用于鼓励创新主体充分利用高校、科研院所等机构的创新资源开展研发活动和科技创新。

科技创新券互认互通这一促进创新要素流动的重要举措，具有以下特色亮点：

（1）构建京津冀三地科技服务资源网络。京津冀三地以"汇集千家开放实验室、服务三地万家小微企业"为目标，按照"胜券在握、资源互通、互利共赢"的原则，遴选出700余家科技服务机构，形成首批互认开放实验室目录。其中，包括北京大学、中国科学院等高校院所的省部级以上重点实验室和工程技术中心、协同创新中心及各类新型研发组织等创新平台。

（2）建立跨区域科技服务支持机制。京津冀三地异地使用创新券不设资金比例限定，根据申请情况，在本地创新券资金总量范围内给予支持。其中，就北京创新券而言，在每一个申报周期，小微企业和创业团队申请的最高补贴不超过50万元，可用于津冀互认的开放实验室购买服务。

（3）促进京津冀三地创新资源优化配置。三地创新券支持企业利用异地科技资源开展测试检测、合作研发、委托开发、研发设计、技术解决方案等科技创新活动，促进了创新资源优化配置。

（资料来源：中共北京市委北京市人民政府推进京津冀协同发展领导小组办公室《京津冀协同发展制度创新成果汇编》。）

三、点燃创新之火：创新能力有效提升，赋能作用不断彰显

创新能力是推动区域协同创新发展的关键引擎。强化创新能力不仅有助于打破京津冀三地创新壁垒，还能推动科技成果转化。京津冀协同发展以来，三地持续加

大创新投入，在创新产出和科技成果转化方面取得积极成效。

（一）创新投入稳步增长，创新发展势能强劲

科技创新投入作为开展创新活动的源头之水，是推动区域协同创新的基础保障，是衡量创新能力的基础性、战略性、关键性指标。10年来，京津冀地区持续加大研发经费投入，为协同创新发展注入新动能。一方面，研发投入强度稳步提高，创新动力有效激发。2021年，京津冀研究与试验发展经费投入占GDP的比重为4.01%，比2014年提高了0.3个百分点，展现出京津冀在研发投入方面的优势，创新氛围日渐浓厚，研发条件显著改善，创新动能持续加强。另一方面，基础研究投入占比延续上升势头，创新水平不断提升。京津冀地区高度重视基础研究能力强化，研发经费向基础研究领域倾斜，基础研究经费支出由2014年的181.4亿元增加到2021年的495.22亿元，占京津冀R&D经费支出的比重由2014年的8.87%提高到2021年的12.62%[①]，区域基础研究优势日益凸显，为提升原始创新能力注入了"强心剂"。

（二）创新产出量质齐升，重大成果举世瞩目

经过多年的深耕厚植与艰苦拼搏，京津冀地区技术创新和关键核心技术攻关能力持续提升，创新产出水平实现较大跨越，专利数量和质量同步提升，标志性科技成果不断涌现。一方面，创新产出成效可观，科技创新速度显著加快。2014—2021年，京津冀专利申请量逐年增长，年均增长率为11.76%。同时，专利质量也得到同步提升，以最能体现创新水平的有效专利数为例，2014—2021年，京津冀地区有效专利数年均增长率为20.62%[②]，科技创新活跃度逐年提高，创新成效进一步显现，推动协同创新发展的支撑引领作用不断增强。另一方面，高技术领域成就斐然，科技创新深度显著加深。京津冀协同发展以来，三地紧密合作，联手攻克一系列"卡脖子"难题，具有世界影响力的原创成果不断涌现。在量子信息领域，突破技术瓶颈，

---

① 资料来源：《中国科技统计年鉴（2022）》。
② 资料来源：《中国科技统计年鉴（2022）》。

成功建设超导量子计算云平台，并研制出长寿命超导量子比特芯片；在医药领域，打破癌症、白血病、耐药菌防治等方面的国外专利药垄断，开发出亚微米级皮肤生物细胞显微成像系统[①]，发布世界首款类脑芯片等标志性科技成果；在区块链领域，成功打造"长安链"等一批具有重要产业带动作用的底层技术，推出海量存储引擎"泓"。这一系列突破性进展反映了京津冀战略性科技创新力量的不断增强，三地在创新领域实现从"跟跑"到"并跑"再到"领跑"的跃升。

（三）科技成果转化加快，创新广度显著拓宽

科技成果转化是创新能力的直接体现。京津冀协同发展战略实施以来，三地积极探索并深化科技成果跨区域转移转化机制，取得了积极成效。一方面，科技成果转化活力不断彰显。从最能直观反映地区科技成果转化活力的技术合同成交额度来看，三地技术合同成交总额逐年攀升，于2022年突破万亿[②]（1.1万亿元），科技成果

---

① 资料来源：京津冀大格局栏目，2022年11月9日，《加速推进科技成果转化 构建京津冀协同创新共同体》。
② 资料来源：国家统计局（https://www.stats.gov.cn/sj/zxfb/202312/t20231227_1945819.html）。

转化成效显著，创新能力逐步提升。另一方面，科技创新成果异地转化步伐不断加快。京津冀协同发展 10 年来，北京科研力量、创新资源加速辐射至天津、河北两地，截至 2022 年，北京输出天津技术合同成交额增长至 82.1 亿元，年均增长率为 8.68%；北京输出河北技术合同成交额增长至 274.8 亿元，年均增长率为 26.81%[①]，科技创新成果异地转化加快，协同创新发展势头愈发良好。

---

① 资料来源：河北省科学技术厅（https://kjt.hebei.gov.cn/www/xwzx15/hbkjdt64/278599/index.html）。

第七章　国之大者　皆在为民：
公共服务协同发展硕果累累

　　京津冀协同发展一路走来，人民获得感作为关键词，始终重若千钧。习近平总书记曾对京津冀协同发展提出明确要求"坚持以人民为中心，促进基本公共服务共建共享"。推进公共服务共建共享，其实质是将各类资源在空间范围内合理布局，建立跨区域资源共享机制，基本实现地区间教育、卫生医疗、养老等各种公共资源配置均衡。从大都市圈视角看，京津冀区域公共服务协同发展，不仅

新区的公共服务水平

可以破解内部公共服务发展不平衡不充分的难题，而且有利于探索中心城市以疏解公共服务功能为依托反哺中小城市的新路径，提升城市群整体竞争能力。京津冀协同发展10年来，三地通过创新合作方式，在底线民生、基本民生、质量民生方面进行了有益的实践探索，一批重点公共服务项目"跨省过河"落地实施。三地公共服务共建共享，把成千上万的人民群众纳入同心圆，普惠百姓民生。

一、底线民生：巩固民生之依，多措并举兜实底线

底线民生兜底事关困难群众基本生活和衣食冷暖，是促进社会公平、维护社会稳定的基础性举措。一方面，脱贫攻坚是民生建设的时代表征、底线民生的重要保障，京津帮扶河北脱贫不但帮助苦难群众摆脱物质匮乏的状态，更重要的是激发了贫困人口脱贫致富的内生动力和发展活力，确保脱贫后可持续发展；另一方面，稳住"菜篮子"的底色是"保民生"，粮食的稳产保供关系民众一日三餐，在京津冀协同发展过程中，河北运用其丰富的农业资源，答好北京"菜篮子"产品保供稳价这张考卷，发挥了担当与智慧。

（一）以改善民生为重点实现脱贫——环京津贫困带整体脱贫

京津冀协同发展战略实施以来，京津两市与河北同心协力，助力张家口、承德、保定3市28县（贫困县27个）打赢脱贫攻坚战，京津累计投入1 600多个协作扶贫项目、46亿元扶贫资金[①]，截至2020年2月底，河北省27个环京津贫困县全部脱贫摘帽，129.3万建档立卡贫困人口全部实现脱贫[②]。自此，环京津地区解决了区域性绝对贫困的问题。

从"贫困程度深"到"扶贫机制活"。亚洲开发银行通过相应的调研最早提出了

---

① 资料来源：新华网（http://www.xinhuanet.com/politics/2020-05/18/c_1126000027.htm）。

② 资料来源：河北新闻网（https://hebei.hebnews.cn/2020-12/21/content_8267273.htm）。

"环京津贫困带"这一概念，该贫困带中有10个国家级深度贫困县。其中阜平县曾常年戴着全国重点贫困县的帽子，2013年以前该县人均年收入不足千元，贫困程度较深。京津冀协同发展以来，京津通过产业布局、就业帮扶、消费扶贫等一系列举措，带动河北地区稳定脱贫。一是产业发展提质增效，京津主要通过政府引导（财政支持）、创新市场合作方式等举措，设立扶贫产业园区55个，入驻京津企业106家，援建扶贫车间193个。二是灵活的劳务合作机制可高效的匹配劳动力资源，促进劳动力返岗就业。主要通过"点对点"输送、精准对接就业需求、开发公益性岗位等方式帮助贫困人口在京津实现就地就近就业。三是积极开展消费扶贫。三地共建消费扶贫对接机制，明确扶贫产品的具体名录，进而推进直播带货、认购帮销等一系列活动。2020年，河北受援县为京津两市提供扶贫产品近3 000个，销售农产品近94亿元，其中扶贫产品近78亿元，助力29万贫困人口提高收入水平[1]。

（二）民以食为天，京津冀农产品稳价保供能力不断提升

"菜篮子""米袋子""果盘子"里装着大民生，其稳产保供连着城乡两头，关系百姓日常生活。北京人口众多，对农产品需求量较大，而河北具有充足的农业资源，故两地在农业发展方面具备相当的互补性。2022年进入北京新发地市场交易的河北产蔬菜、水果约154万吨、84万吨，分别占蔬菜、水果总交易量的22%、11.53%，河北产蔬菜所占比例已连续多年在新发地市场稳居第一[2]。疏解非首都功能政策出台后，北京新发地的仓储、加工和周转功能大部分已疏解至河北新发地，疏解后的北京新发地全力保障北京的农副产品供应，占地面积也大大瘦身。河北新发地作为承接地，不仅承接了北京疏解的仓储加工中转的项目，而且有效反哺种植端，带动了河北果蔬种植基地50万亩，产量达100万吨，其中带动贫困县种植基地达5万亩，产量10.7

---

① 资料来源：河北省乡村振兴局（https://fp.hebei.gov.cn/2021-03/03/content_8399250.htm）。
② 资料来源：新华网（http://bj.news.cn/2023-03/30/c_1129478719.htm）。

万吨，有效带动农户3.2万人[①]。

京津冀协同发展以来，河北着力建设环京周边蔬菜生产基地，加强与北京的战略合作，2022年两地共建63家环京周边蔬菜生产基地，2023年新认定51家[②]。河北密切关注北京市场需求，致力于打造农业区域企业和产品的品牌形象、持续优化产销衔接，北京"菜篮子"产品的稳价保供能力不断提高。同时，对接北京市场对蔬菜产品高标准化的需求，河北蔬菜生产基地不断推动农田绿色生产、蔬菜规模生产，采摘之后进行冷链化处理，以此确保产量的稳定供应；积极与北京市农科院蔬菜研究中心等科研机构寻求合作，引进先进技术与新兴品种、开展生物防治，确保蔬菜生产的高品质与安全性。

二、基本民生：抓好基本民生，绘就民生幸福底色

京津冀基本民生需要保障区域内社会成员基本生存和发展需要，包括人人可及

---

① 资料来源：中央电视台《经济半小时》解读京津冀协同下的河北新发地（https://mp.weixin.qq.com/s/zefropjxnr_bnCUyL4I0QA）。

② 资料来源：河北新闻网（https://hebei.hebnews.cn/2023-04/11/content_8980236.htm）。

的基本公共服务，满足群众的教育、医疗、养老等需求，是政府在民生方面的主要任务。

（一）三地在发展中保障基本民生，民众幸福指数提高

北京基本民生水平处于全国领先地位。一是北京拥有大量优质医疗卫生资源。截至2021年底，全市共有医疗卫生机构11 727家，三级医院135家，二级医院175家[①]。二是教育资源结构布局合理。2022年，北京高等、中等、小学以及学前教育院校分别为110、786、719、1 989所[②]，学前教育普惠率和入学率分别达到88%和90%。义务教育就近入学比例连续4年达到99%以上，新增义务教育学位3.6万个[③]。三是持续织密社区养老服务网络，坚持养老事业和养老产业协调发展。2023年，北京医养结合机构总数为215家，其中两证齐全的有193家，医养结合床位数为5.9万张[④]。

天津坚持"以人民为中心"，做实民生"里子"。一是天津通过"企业发力、政府协助、公益助力"创新养老模式并将经验在全国推广。以700米为服务半径，鼓励企业竞标运营居家养老服务中心，同时拿出专项资金补贴，使老有所养，截至2022年，天津共有387家养老机构，形成公办和民办养老机构优势互补、有序发展的格局[⑤]。二是公共教育服务聚焦"优质均衡"，天津实施"优质教育资源辐射引领工程"，坚持每年将学前教育纳入市政府民心工程，促进基础教育优质资源辐射带动环中心城区和远城区教育发展、城乡义务教育一体化步伐加快、优质教育资源覆盖面不断扩大。三是调整优质医疗资源布局，规划设置市级"双中心"。依托现有的三级

---

① 资料来源：北京市卫生健康委员会（https://wjw.beijing.gov.cn/wjwh/szzl/202304/t20230406_2989987.html）。

② 资料来源：北京市教育委员会（https://jw.beijing.gov.cn/xxgk/shujufab/tongjigaikuang/202303/t20230317_2938666.html）。

③ 资料来源：北京市教育委员会（https://jw.beijing.gov.cn/xxgk/zxxxgk/202301/t20230105_2892614.html）。

④ 资料来源：中国新闻网（https://new.qq.com/rain/a/20230629A06O3V00）；北京市健康卫生委员会（https://wjw.beijing.gov.cn/wjwh/ztzl/lnr/lljkzc/202112/t20211229_2576409.html）。

⑤ 资料来源：天津市民政局（https://stats.tj.gov.cn/tjsj_52032/tjgb/202303/t20230317_6142668.html）。

医疗服务体系，合理规划与设置市级医学中心和市级区域医疗中心，发挥市级"双中心"的引领和辐射作用。截至2022年底，天津共有各类卫生机构6 282个，其中医院435个[1]。

河北积极提升自身公共服务水平，惠及更多百姓。一是河北持续深化医疗保障制度改革，让医改红利可感可及。稳步扩大医保报销范围的同时，通过三重综合保障，坚守不发生因病规模性返贫的底线。二是各级教育发展质量与成效不断提升。河北致力于构建公平普惠的基础教育体系，2019年全域实现义务教育发展基本均衡；努力推动普通高中多样化有特色发展，截至2021年，高中阶段教育毛入学率达到95.86%，省级示范性高中占比达到40.24%，超60%的学生享受优质高中教育[2]。三是养老在冀，老有颐养。2023年河北养老机构共有1 428家，市县三级均发布基本养老服务清单，累计建成4 885个城镇社区养老服务设施，配备7 000余张家庭养老床位[3]。

（二）京津冀医疗一体化，三地共享"健康红利"

京津冀协同发展战略实施以来，三地共推公共医疗卫生协同，加强医疗卫生、卫生应急、卫生健康监管等方面的合作，带动提升整体医疗卫生服务水平，使百姓在家门口就能享受优质医疗服务。北京统筹配置优质医疗资源，促进优质资源均衡合理布局，对于疏解非首都功能、解决"大城市病"、推动京津冀协同发展，具有重要意义。

"谋定而后动"——京津冀签署多项医疗合作协议。京津冀协同发展战略实施以

---

[1]　资料来源：天津市国民经济和社会发展统计公报（https://stats.tj.gov.cn/tjsj_52032/tjgb/202303/t20230317_6142668.html）。

[2]　资料来源：中华人民共和国教育部（http://www.moe.gov.cn/jyb_xwfb/moe_2082/2022/2022_zl21/202207/t20220718_646661.html）。

[3]　资料来源：河北省人民政府（http://www.hebei.gov.cn/hebei/14462058/14471802/14471750/15484763/index.html）。

来，京津冀三地不断推进区域医疗卫生协同发展，深化体制机制创新，累计签署医疗卫生合作框架协议27项，实施重点合作项目56个，各项任务均取得良好进展[①]。为支持雄安新区医疗卫生事业发展，2018年9月，京津冀卫生健康部门与雄安新区管委会共同签署《关于支持雄安新区医疗卫生事业发展合作框架协议》，并于2021年12月签署新一轮合作框架协议，进一步丰富合作框架内容，创新工作机制，强化监测评估。

医疗帮扶持续深入，为河北"输血""造血"。一是优质医疗资源流入，为河北"输血"。国家卫生健康委员会、北京市通过支持和引导在京医院向外迁建、开办分院、联合办医等多种形式，将医疗资源向京外京郊等资源薄弱地区疏解。截至2018年底，国家卫健委属（管）10家单位与河北建立"一院一市"工作机制，助力河北各对口合作医院提升医疗技术水平。目前，京津已有400余家医疗卫生机构与河北对接合作，其中，北京-燕达、北京-保定、北京-张家口、北京-曹妃甸、北京-承德等医疗合作项目取得较大进展[②]。同时，天津16家医疗机构与河北沧州一批医疗机构开展合作，多项合作有效提升了河北医疗卫生服务能力和水平[③]。二是培养专业能力强又"带不走"的医疗人才队伍，为河北"造血"。随着京津冀医疗协同不断推进，越来越多的京津顶尖医疗专家在河北常态化坐诊，同时北京多所医院实施一系列的培训计划，专家们不定期进行现场或线上交流和讲学，逐步帮助河北培养起一支"带不走"的医疗队伍。

异地就医"一卡通行"，医疗检验检查结果互认共享。一是异地医保可直接结算，京津冀作为全国首批接入国家跨省异地就医直接结算系统的地区，按照国家统

---

① 资料来源：中共北京市委北京市人民政府推进京津冀协同发展领导小组办公室《京津冀协同发展制度创新成果汇编》。

② 资料来源：中华人民共和国国家发展和改革委员会（https://www.ndrc.gov.cn/xxgk/jianyitianfuwen/qgzxwytafwgk/202107/t20210708_1289479_ext.html）。

③ 资料来源：新华网（http://he.news.cn/20230614/04930e20744d455ba21fa5f965976aff/c.html）。

第一家三级综合医院

一部署和要求，已经实现了各类参保人员的跨省异地就医，患者住院医疗费用可直接结算。同时，接入的跨省定点医疗机构的数量也在不断增加，截至目前，京津冀三地已有1841家跨省定点医疗机构接入国家跨省异地就医直接结算平台，其中北京659家、天津199家、河北983家，基本满足三地跨省异地就医住院直接结算的需求[1]。二是医疗结果互认。京津冀自2016年3月率先开展了区域内医疗机构检验结果互认工作。到2023年，河北有312家医疗机构与京津373家医疗机构实现50项临床检验结果互认，176家医疗机构与京津137家医疗机构实现20项影像检查资料共享[2]，有力提升了三地医疗服务同质化水平。同时，医疗机构互认覆盖范围不断扩大，从三级医院逐步扩展至一级医院、社区卫生服务机构以及独立检验检测机构等。三地医疗检验检查结果互认，可避免患者重复检查，在提高医疗资源利用率的同时，有效降低了患者负担。

不断加强医联体建设。医联体本质上是政府有效组织、辖区内医疗资源向社会

---

[1] 资料来源：中国产业发展研究院（https://mp.weixin.qq.com/s/bqz7jUYoA1DLR3W7H1U80g）。

[2] 资料来源：人民网（http://leaders.people.com.cn/n1/2023/0621/c58278-40018370.html）。

提供医疗服务的一种手段，可以打造全流程的分级诊疗体系，更有效地对优质医疗资源进行分配。京津冀协同发展以来，三地积极推动医联体建设，河北18个医疗机构与京津开展医联体建设，以技术输入、人才培养、专科建设等方面为切入点，为患者提供更为优质、高效的服务。

案例7-1 "跨省托管"·北京儿童医院保定儿童医院

京津冀协同发展战略实施初，北京儿童医院推出公立医疗机构"跨省托管"模式——北京儿童医院托管保定儿童医院，两地儿童医院持续扩展医疗合作项目，开展多层级协同合作，有效推动了北京优质医疗资源转移、提升了河北的医疗技术。经过多年改革实践，保定儿童医院成为河北省公立医院改革的样板、京津冀联动发展的成果样本、疏解非首都功能的标杆。

在国内儿科领域，北京儿童医院医疗技术水平居于领先地位，全国各地尤其是北京周边地区的患儿纷纷前来看病，曾经"一号难求、一床难求"的现象相当突出，北京儿童医院常年不堪重负。自北京儿童医院保定医院托管以来，保定市儿童医院年门诊量大幅增长（由25万人次增长到63万人次），本地患儿转诊率下降九成，完成多起高难度手术，有效解决了儿童"看病难"的问题。

北京儿童医院"跨省托管"保定儿童医院的模式做到了使百姓、医院、政府的全面满意，该创新模式具有以下可借鉴的经验：一是改善医院的相关硬件设施，建设现代化医院，多方筹措资金、购置高精尖设备；二是引入先进的管理机制与理念，促使更有效、高效和创新的管理；三是全面深度融合，加快可持续一体化发展，主要是资源共享、病人共治、病区共建。目前，两家儿童医院可以实现相同的医疗技术水平，患儿在两家医院就诊并无任何区别，免除了河北及周边地区患儿奔赴北京看病的劳累之苦。

（资料来源：京津冀大格局栏目，2018年8月15日，《京津冀进入医疗卫生"共享时代"》和2019年8月14日，《医者同心·跨省托管》；中共北京市委北京市人民政府推进京津冀协同发展领导小组办公室《京津冀协同发展亮点项目建设案例图册》。）

（三）京津冀共绘教育"同心圆"

教育是民生之基，京津冀协同发展以来，三地教育发展水平差距逐渐缩小，稳定的教育协同发展体系加速形成。2016年开始，北京市教育系统与天津、河北签订各类合作协议168个[①]，从开办新校区到多地教师围绕一节课进行"同课异构"，丰富的合作方式让教育协同发展生机勃勃。

京津冀教育功能布局持续优化。北京优质教育资源持续下沉至河北，加速京津冀整体教育水平的提高。一是采用名校办分校、设校区、建学校等模式推进优质公办教育资源输入雄安新区，北京援建雄安新区的"三校"项目已投入运营，北京帮扶建设的北京第八十中学、中关村第三小学、朝阳实验小学、六一幼儿园等4所学校的雄安校区挂牌成立。二是加强河北教育人才培训培养。2016年至2020年，河北每年选派多名校长、教师去北京的学校参加培训，落实"千名中小学骨干校长教师赴京挂职学习"项目[②]。同时，河北省平山县、阜平县等地与首都师范大学在教师培训培养方面开展合作。实施京津冀高校校长、管理干部、教师异地挂职交流计划，建立定期访学和学术交流机制，高校师生交流培养日渐频繁。

职业教育示范引领。北京与天津、河北政府部门、学校签署多个合作协议，其中包括北京财贸职业学院廊坊校区挂牌、北京市电气工程学校成立曹妃甸分校，职业教育合作办学逐步深化。此外，天津发挥职业教育资源雄厚优势，带动提升雄安职业教育发展动力。通过组织建立职教联盟、设立职业培训中心、提供"菜单式"培训，多措并举加速推进现代职业教育融合发展。2023年10月，北京市教委、天津市教委、河北省教育厅共同签署了《教育协同发展行动计划（2023年—2025年）》，计划指出将持续推进职业教育跨省招生，深入开展"3+2"中高职联合培养，助力职

---

① 资料来源：中华人民共和国中央人民政府（https://www.gov.cn/xinwen/2021-02/26/content_5589003.htm）。

② 资料来源：中华人民共和国国家发展和改革委员会（https://www.ndrc.gov.cn/xxgk/jianyitianfuwen/qgzxwytafwgk/202107/t20210708_1289479_ext.html）。

业教育融合发展。

京津冀基础教育优质发展、高等教育创新发展。一是基础教育跨省域合作办学，优质资源下沉。京津冀协同发展以来，三地基础教育交流项目超过500个[①]，北京、天津优质中小学（幼儿园）通过联合办学、托管运营、创办分校等多种方式，与河北合力办学。2023年5月，由北京师范大学附属中学、天津市第七中学、张家口市第一中学等12家中小学组成的京津冀基础教育协同发展联盟成立大会在石家庄外国语教育集团举行。该联盟的成立必将有力推动京津基础教育优质资源同河北共享，促进石家庄基础教育高质量发展。二是高等教育创新发展，促进高等教育优质资源集聚优化，为政府发展提供智力支持。协同发展以来，三地高校共同发起成立协同创新联盟，深化产学研合作，推动创新发展，在培养人才、科技研发以及成果转化等多领域开展了切实可行的合作。截至2023年，京津冀三地高校成立24个高校联盟，实现了跨区域跨高校的科研联合攻关[②]。

① 资料来源：人民网（http://politics.people.com.cn/n1/2023/0610/c1001–40010666.html）。
② 资料来源：央视网（https://news.cctv.com/2023/02/26/ARTIp8G6h4z7ZqW2a0MgI3OH230226.shtml）。

案例7-2 "先手棋"·北京三校一院"交钥匙"项目

花园校园、海浪操场、"处处是学堂"的现代化开放式教学设计，北京援建雄安新区"交钥匙"项目三所学校——雄安北海幼儿园、雄安史家胡同小学、北京四中雄安校区处处彰显着"未来之城"公共服务的前瞻性。北京支持雄安建设的"三校一院"交钥匙项目是雄安新区启动区第一批建设的公共服务与民生保障项目，目前幼儿园、小学以及中学项目已全部竣工交付。由北海幼儿园、史家胡同小学以及北京市第四中学承担相应的办学支持，确保雄安新区公共服务水平高起点起步。雄安新区"三校"的落地将大力提升雄安新区的基础教育质量，实现优质教育资源共享，推动北京非首都功能有序疏解。

起笔是世界眼光，落笔为时代标杆。"交钥匙"项目的三所学校已超出单纯的建设。灵活多样的布局：一座"红墙绿树白塔边"的幼儿园亮相于雄安。雄安北海幼儿园的整体建筑风格完美体现了"以人为本"的育人理念，以"孩童视角"为出发点，北海幼儿园融入了雄安风貌以及北海元素，并期望通过对空间的系统规划与灵活设计支持孩童的多元探索与学习，用建筑语言诠释有温度的教育。不同的教室，同样的课堂：雄安史家胡同小学教室具备大屏幕、收音器、麦克风、摄像头等多种多媒体设备，在北京和雄安两地史家胡同小学可依托智慧教育平台开展"双师课堂"。杏坛不必实有其地：北京四中雄安校区"开放式教学"。学校采取了半围合的传统书院的院落式形制，打造了多中心、多层级的教育空间，不约束学生在固定的教室学习，增加学生以及师生之间的学习交流。

（资料来源：京津冀大格局栏目，2020年4月29日，《北京支持雄安新区"三校一院"项目全面复工》。）

（四）京津冀形成环首都健康养老圈

聚焦银发时代，满足养老需求，京津冀共同托举起三地老人"幸福美满的晚年"。2016年，京津冀三地建立了养老服务协同发展联席会议机制，并签订了多份发展协议，促进三地养老工作协同规划、资源共享、服务对接、均衡发展。

"一张网"兜住四地养老资源。2016年，京津冀三地启动养老服务协同发展试点，并确定3家试点机构，2017年将试点机构拓展为9家，2018年总结推广试点工作经验，转化为常态化工作，将养老服务协同发展区域拓展至京津冀全域及内蒙古赤峰市、乌兰察布市。2023年以来，养老协同的步伐走得更稳更快，北京市民政局先后组织百余家北京养老企业与天津、河北、内蒙古对接养老合作项目，全力推动北京养老服务政策及优质养老项目向津、冀、内蒙古等地区延伸布局。2023年6月，北京养老服务网和同名微信小程序也上线试运行，其中"京津冀养老"板块全面展示了环京周边养老服务项目，助力京、津、冀、内蒙古养老服务资源对接共享，实现津、冀、内蒙古三地优质养老服务信息资源实时发布、同步共享。天津、河北、内蒙古40余家养老机构、近30个养老项目全部被"搬"进了养老服务"一张网"[①]。

京津养老项目向河北延伸布局。由于河北区位独特、环境优美、成本较低，北京以及天津的项目逐步向河北环京14个县（区）布局，创新"医养康养""旅居养老"相结合的新型养老模式，吸引京津老人走出去，建设京畿福地、老有颐养的乐享河北。当前，京津冀三地依托医药、生态、旅游等资源，在石家庄、张家口、承德、保定等地打造多个特色养老服务区，河北养老机构累计收住京津老年人近7 000名[②]。

"政策跟着户籍老年人走"，加强异地养老政策支持。京津冀区域养老服务强调养老扶持政策跟着户籍老年人走，推进政策外哺和互惠共益。其中包括养老机构床位运营补贴、金融服务扶持、医养结合扶持等，对入住京籍老年人从通信、交通、康复等服务方面给予优惠和优待，不断增强入住河北的老年人的获得感和幸福感。

---

① 资料来源：新华网（http://www.xinhuanet.com/house/20230920/6245fc2093a84676b2728e8c4a3bdc0f/c.html）。
② 资料来源：河北省财政厅（https://czt.hebei.gov.cn/xwdt/zhxw/202208/t20220805_1649338.html）。

案例7-3 "医养结合"·燕达金色年华健康养护中心

　　作为京津冀养老试点单位和北京养老外延试点之一，河北燕达养护中心主动服务和承接北京非首都功能疏解。河北燕达金色年华健康养护中心设施配套齐全，医疗保障专业，文娱活动丰富，目前已入住老人5 000余位，95%为京津老人，平均年龄在85岁以上。该养护中心在外观上看起来与大型社区无异，园区内环境优美，如同步入公园，中心还设置了老年大学，设有46门艺术、文学等课程，确保中心老年人可按需选择，丰富老年人的日常生活。

　　"医养结合"的燕达经验是建立了三级医疗保障，确保入住的老人在养护中心既能随时就医，又能养好身体。中心为入住老人配备家庭保健医生并且建立个人健康档案，检测老人的身体健康状况，确保有问题可随时发现。根据入住老人不同的病情，养护中心会及时将病人分流至老年病科或医院急救。在这个过程中，患者的相关就诊数据、处方、病例等都是互相联通的。养护的老人在燕达医院可以实现"4优先、3匹配"的就诊优势，即优先挂号、就诊、检查、以及住院，匹配时间、专家以及科室。中心先后与北京多家权威三甲医院合作，并于2017年开通了北京医保实时刷卡结算。同年10月，

> "北京通－养老助残卡"在燕达养护中心首次实现跨省激活及异地刷卡支付，确保能够全流程满足老年人的养老需求。
>
> （资料来源：京津冀大格局栏目，2018年10月24日，《行走京津冀：聚焦银发时代》。）

三、质量民生：增进民生福祉，提高群众生活品质

京津冀聚焦高层次的民生保障，侧重于提高群众生活品质，满足人民群众对美好生活的需求。习近平总书记强调："着力提升公共文化服务水平，让人民享有更加充实、更为丰富、更高质量的精神文化生活。"加强文化建设，旨在更好地满足人们不断增长的精神文化需求，京津冀文化协同是群众对京津冀区域文化的认同，通过共享文化、艺术和价值观，可建立更紧密的社会联系。

（一）加快构建现代公共文化服务新场景

北京高质量推进全国文化中心建设。一是北京持续推进大运河文化带、长城文化带、西山永定河文化带建设。二是文化惠民，群众共享文化发展成果。在北京，中央歌剧院、北京艺术中心、北京大运河博物馆等重大文化设施相继落成，截至2023年8月底，北京备案博物馆总数已达218家，形成全国规模最大、实力最强的博物馆集群[1]，同时近70%的博物馆每天提供免费讲解服务，组织馆内教育活动，群众文化获得感持续增强[2]。三是文化遗产活动与活化利用不断加强。北京是全国拥有世界文化遗产数量最多的城市，近年来，北京以中轴线申遗为抓手，启动多项文物修缮工程，京杭大运河京冀段62公里实现全线旅游通航[3]，400公里"京畿长城"国家风景道主线发布[4]，永定河865公里河道全线通水[5]。

---

① 资料来源：北京市人民政府（https://www.beijing.gov.cn/ywdt/gzdt/202309/t20230914_3259018.html）。
② 资料来源：北京市统计局（https://tjj.beijing.gov.cn/zxfbu/202311/t20231113_3299972.html）。
③ 资料来源：中华人民共和国中央人民政府（https://www.gov.cn/xinwen/2022–06/24/content_5697646.htm#1）。
④ 资料来源：北京市文化和旅游局（https://whlyj.beijing.gov.cn/zwgk/xwzx/gzdt/202208/t20220821_2796494.html）。
⑤ 资料来源：中华人民共和国中央人民政府（https://www.gov.cn/xinwen/2021–09/27/content_5639642.htm）。

天津加快建设公共文化强市。一是天津不断推动基层公共文化服务体系建设，让民众在"家门口"就能享受到更优的公共文化服务。近年来，天津持续加大对基层公共文化服务体系建设资金的投入力度，2018年就实现了全市239个街镇全部建有综合性文化服务中心。二是坚持"在保护中发展，在发展中保护"。天津持续加大对历史文化遗产保护力度，建立文物及遗存保护清单，其中大运河沿线共有文物保护单位55处、非物质文化遗产122项，总投资310多亿元[①]。三是传承发展中国优秀传统戏曲艺术，丰富群众生活。天津被称为"曲艺发祥地"，政府采取政府补贴、低价格演出、发放文惠卡等方式，将优秀戏曲广泛传播，目前天津有上千个戏曲票友会，形成了优质丰厚的戏曲文化土壤。

河北深入实施公共文化服务达标提质行动。一是文化公共设施逐渐完善，为群众提供精神文化食粮。截至2023年3月，河北共有公共图书馆和文化馆各180个、综合文化站2 278个、文化服务中心52 082个[②]。二是公共文化服务示范性建设取得显著的实际成果。河北四市顺利建立了国家公共文化服务体系示范区，定州、正定等20个县（市区）成功创建省级示范区，占河北省总数的40%[③]。三是在文化遗产和非遗领域，保护传承利用工作也取得了积极的进展。目前，河北拥有4项世界文化遗产，有6项考古发现入选中国"百年百大考古发现"，全国重要文物保护单位达到291个，国家级非物质文化遗产增至163项。

（二）三地共奏文化协同发展交响曲

自古被称为燕赵之地的京津冀地缘相接、文化一脉，在文化方面完全能够相互融合、协同发展。2014年，京津冀三地在天津签署《京津冀三地文化领域协同发展战略框架协议》，近年来，三地通过资源共享、区域联动，持续推进文化交流与

---

① 资料来源：天津市人民政府（https://www.tj.gov.cn/sy/xwfbh/202104/t20210416_5426847.html）。
② 资料来源：中国雄安官网（http://www.xiongan.gov.cn/2023-03/03/c_1211734799.htm）。
③ 资料来源：中华人民共和国国务院新闻办公室（http://www.scio.gov.cn/xwfb/dfxwfb/gssfbh/hb_13828/202303/t20230320_708667.html）。

合作。

京津冀博物馆积极主动寻求合作。一是协同办展，盘活文物资源。《京津冀协同发展规划纲要》印发之后，首都博物馆、天津博物馆、河北博物院立马做出回应，以文化展览为主要抓手，创新协同办展模式，组织"地域一体·文化一脉——京津冀历史文化展"三地巡展活动，共同推进文物资源与学术交流等多方面合作共享，持续盘活区域内历史文物资源，打造出京津冀协同发展战略实施中的标志性事件。二是不断完善博物馆合作机制，并取得明显进展。2018年，三地联合签署《博物馆协同创新发展合作协议》，建立京津冀博物馆联席会议制度并设立了京津冀博物馆协同发展推进工作办公室，合作机制日益完善成熟。为促进三地博物馆协同发展，积极弘扬京津冀文化历史故事，京津冀博物馆协同发展推进工作办公室举办了多届"博物馆优秀志愿者讲解邀请赛"。此后，"非国有博物馆协同发展合作论坛""博物馆协同发展文化创意展区"等活动的开展均有效促进了京津冀文化服务、文化产业的优质发展，为京津冀提升文化发展水平提供了有力支撑。

共推文旅建设，协同释放新活力。一是京津冀共同开发文化旅游项目，推动长城、大运河国家文化公园以及京张体育文化旅游带建设；同时，"通武廊"文化旅游合作联盟着眼于文化旅游协同发展核心任务，协同创建了一批以大运河为主题的特色文旅产品及相应的旅游路线，三地共推文化旅游"一本书、一张图、一张网"合作项目初见成效。二是将"流量"变为"留量"，创新激活增长点。京津冀三地文旅局及相关部门加大了文化旅游的优惠力度，多项优惠政策并行，2024年，京津冀旅游一卡通实体卡和电子卡同时上线，200多家景区全部免费，线上官网可直接查询旅游一卡通目录，方便游客按需选择。多样化的优惠方式与切实的好处为旅游景区吸引了大量的游客，在消费升级的背景下，景区更致力于为游客提供更优质的服务，持续开创深层体验领域，积极培育文化旅游产业品牌和产品，把引来的"流量"变成"留量"。